Sternzeichen
Stier

– Liebe, Partnerschaft, Beruf –

Autor: Alfred P. Zeller
Gesamtherstellung: Naumann & Göbel Verlagsgesellschaft, Köln

Dieses Werk berücksichtigt die neue deutsche Rechtschreibung.
ISBN 3-625-10481-4

Vorwort

In diesem Buch werden Sie auf astrologischer Grundlage viel über sich erfahren. Manches davon haben Sie vielleicht schon gewusst oder zumindest geahnt. Sehr viel mehr jedoch wird für Sie völlig neu sein, wird Ihnen überraschende Erkenntnisse über Fähigkeiten und Kräfte vermitteln, die in Ihnen schlummern. Dadurch können sich Ihnen bislang ungeahnte Möglichkeiten für eine befriedigendere und erfolgreichere Gestaltung Ihres Lebens eröffnen. Aber auch über Ihre Schwächen und Mängel erhalten Sie hier Auskunft, und das ist für Sie fast ebenso wichtig: Nur wenn Sie Ihre Fehler erkennen, können Sie dagegen ankämpfen und dadurch erreichen, dass Ihnen weniger misslingt und das Zusammenleben mit den Mitmenschen reibungsloser und erfreulicher wird.

Astrologie ist weder eine verstaubte Geheimwissenschaft noch eine fragwürdige Zukunftsdeutelei, und erst recht ist sie kein bequemer Vorwand, sich mit dem Hinweis auf einen angeblichen »Schicksalszwang« der Gestirne persönlicher Verantwortung zu entziehen. Vielmehr ist sie die älteste, auf jahrtausendelanger Beobachtung und Bezugsetzung kosmischen und irdischen Geschehens gründende Erfahrungswissenschaft der Menschheit, mit der sich zu allen Zeiten die fortschrittlichsten Geister ihrer Zeit befasst haben, um die Zeitenwende der Universalgelehrte Ptolemäus ebenso wie an der Schwelle zur Neuzeit der große Arzt Paracelsus, der Humanist Melanchthon und die Begründer

der modernen Astronomie und Naturwissenschaft: Kopernikus, Galilei und Kepler. Auch in Goethes Werken ist viel astrologisches Gedankengut lebendig. Astrologie geht von der Erkenntnis aus, dass der Mensch kein isoliertes, abgekapseltes Lebewesen ist, sondern eingebettet ist in ein soziales, geographisches und kosmisches Umfeld, in ein Geflecht von subtilen Beziehungen, die ihn vielfach prägen und beeinflussen. Kosmische »Uhren« steuern alle Lebensvorgänge auf der Erde, kosmisches Geschehen bewirkt den Wechsel von Tag und Nacht, den Ablauf der Jahreszeiten, die Folge von Ebbe und Flut. Alle grundlegenden Lebensvorgänge sind in der Natur im Ganzen oder im Einzelnen kosmisch geprägt und geregelt. Dass dabei auch Strahlungen, die aus dem Weltall zu uns gelangen, eine bedeutsame Rolle spielen, hat man erst in jüngster Zeit entdeckt oder besser gesagt wieder entdeckt, denn unsere Vorfahren haben das schon vor Jahrtausenden intuitiv geahnt.

Kosmisch geprägt wird allerdings nicht eine leere Form, sondern ein individuelles Lebewesen, das von seinen Eltern genetisch verankerte Erbanlagen mitbekommen hat. Wie die genetischen und kosmischen Anlagen verwirklicht werden können, hängt wesentlich vom Umfeld ab, in dem sich das Leben entfaltet. Deshalb reicht ein Horoskop allein nicht aus, um einen Menschen in seiner ganzen Vielfalt zu erfassen und seinen Lebensweg zu erklären.

Seriöse Astrologie bezieht in die Horoskopdeutung stets auch den Horoskopeigner selbst und sein soziales Umfeld mit ein. Astrologie zeichnet keine Zwangsläufigkeiten vor, sie will und kann keine persönlichen Entscheidungen abnehmen oder aufdrängen, sondern vielmehr dem Menschen durch das Aufzeigen seiner Möglichkeiten und Grenzen helfen, die richtigen Entscheidungen zu treffen, will ihm so eine praktische Lebenshilfe sein.

Dieses Buch ermöglicht es Ihnen, zu entdecken, welche Wesenszüge und Fähigkeiten die kosmische Prägung Ihnen gegeben hat, weist Sie auf Ihre Stärken und Entwicklungsmöglichkeiten, aber auch auf Ihre Schwächen und Gefährdungen hin. Das im ersten Teil gezeichnete Bild beruht auf den beiden wichtigsten Gegebenheiten des Geburtshoroskops, dem Sonnenzeichen und dem Aszendenten, und wird vertieft durch die Aussagen der chinesischen und indianischen Astrologie sowie des keltischen Baum-Horoskops.

Ihr Sonnenzeichen ist das Sternbild, in dem am Tag Ihrer Geburt die Sonne stand; es ist der wichtigste kosmische Prägefaktor. Um eine genauere Differenzierung zu erreichen, teilt man von alters her jedes Tierkreiszeichen in drei Dekaden ein: In der ersten Dekade ist noch ein sich abschwächender Einfluss des vorangehenden Sonnenzeichens wirksam, in der dritten Dekade ein zunehmender Einfluss des folgenden Sonnenzeichens, während sich in der zweiten Dekade die benachbarten Sonnenzeichen nicht auswirken. Dementsprechend ist der Abschnitt »Wer bin ich?« (ab Seite 12) in drei Dekaden gegliedert, so dass Sie je nach Geburtstag die für Sie zutreffende Aussage finden können.

Bedeutsam ist auch ein zweiter kosmischer Prägefaktor, der Aszendent. Darunter versteht man das Tierkreiszeichen, das im Augenblick Ihrer Geburt am östlichen Horizont stand. Der Aszendent verstärkt, schwächt oder variiert die Prägung durch das Sonnenzeichen, weshalb wir ab Seite 49 näher darauf eingehen. Wie Sie Ihren Aszendenten finden, können Sie ab Seite 82 nachlesen.

Während das indianische Horoskop mit seiner Zwölfteilung unserem abendländischen Horoskop entspricht, weichen das chinesische und das keltische Horoskop davon ab. Deshalb finden Sie in den entsprechenden Abschnitten je nach Ihrem Geburtsdatum differenzierte Aussagen, durch welche Ihre individuellen Gegebenheiten genauer eingegrenzt werden.

Verlag und Autor

Inhalt

Tierkreiszeichen auf einer persischen Schale.
Entstanden um 1563.

Messahalah, Der Astronom, 1504

I.
Meine kosmische Prägung

Mein Tierkreiszeichen und Planet

Ihr Tierkreiszeichen ist Stier, Ihr Planet Venus.

Stier ist ein fixes Erd-Zeichen mit Minus-Polarität. Fix oder fest nennt man die auf die kardinalen Tierkreiszeichen nachfolgenden Zeichen, die von mittlerer Intensität sind. Das Zeichen Stier symbolisiert besitzergreifende Verwurzelung in der Umwelt mit ausgeprägtem Beharrungsvermögen, Stabilität, Überlegtheit, Geduld, Fleiß, Wirklichkeitssinn, aber auch Mangel an Flexibilität, Konservativismus, ausgeprägte Subjektivität und Materialismus. Als dem Element Erde zugeordnetes Zeichen steht es für passives Tun (Leitwort »Vorsicht«), Bewahrenwollen und praktischen Realismus. Die dadurch bestimmten Haupteigenschaften sind auf das Machbare gerichtete Zielstrebigkeit, starker Eigenwille, Ausdauer und Streben nach Absicherung, aber auch Starrsinn, Neigung zu Pedanterie und Dogmatismus, Mangel an Kompromissbereitschaft. Die Polarität gibt die Wirkrichtung eines Zeichens an. Negative Zeichen wirken von außen nach innen. Stier ist ein Zeichen mit Minus-Polarität, also ein »passives« Zeichen, das Ich-Bezogenheit und stabiles Beharren symbolisiert.

Die astrologischen Grundqualitäten des Frühlingszeichens Stier lassen sich unter dem Kennwort »introvertierte Weltergreifung« zusammenfassen. Im Einzelnen symbolisiert das Zeichen den

Wunsch, Wurzeln zu fassen, Besitz zu ergreifen, tief in die Lebenswelt einzudringen, auf sicheren Grundlagen aufzubauen. Ziele werden mit Beharrlichkeit und großer Energie angestrebt. Unnötige Kraftvergeudung wird vermieden. Besonders stark ist die Prägekraft des Zeichens, wenn in ihm nicht nur zum Zeitpunkt der Geburt die Sonne gestanden hat, sondern auch der Aszendent in ihm liegt.

Die Venus auf einem Wagen, dessen Räder die Domizile Stier und Waage sind.
Holzschnitt von Hans Sebald Beham 1530/40

Jedem Tierkreiszeichen ist der Planet zugeordnet, dessen Prinzip ihm am vollkommensten entspricht; den jeweiligen Planeten bezeichnet man als »Planetenherrscher«. Im Zeichen Stier »herrscht« Venus, deren energetisches Prinzip die Gefühlskraft ist. Sie ist der weiblichste Planet, der Sinnenfreude, Schönheitssinn, Harmonie und Hingabefähigkeit symbolisiert, im Negativen freilich auch Begierde und materialistische Lebenseinstellung.

Wenn in Ihrem persönlichen Horoskop die Venus in Ihrem Sonnenzeichen Stier steht, verstärkt sie entsprechend den nachfolgend genannten Venus-Eigenschaften gleich gerichtete Prägekräfte Ihres Tierkreiszeichens und bestimmt wesentlich die »Grundqualität« Ihres Horoskops.

Positive Venus-Eigenschaften sind: Besonnene Umsetzung der Willenskraft in zielgerichtetes Tun, wirklichkeitsbezogenes Denken und Planen, praktische Veranlagung, Streben nach Absicherung und einem schönen materiellen Rahmen, Fähigkeit zum Lebensgenuss, vernünftige Strebsamkeit, Ausdauer und Zähigkeit, Schönheitssinn, harmonische Grundtendenz im Gemeinschaftsleben.

Negative Venus-Eigenschaften sind: Eigenwilligkeit bis zum Starrsinn, Neigung zu Materialismus und übertriebenem Sinnengenuss, oberflächliches Denken, Schwanken zwischen übergroßer Nüchternheit und Empfindungsüberschwang, Eitelkeit, mangelnde Flexibilität, starrer Konservativismus, Habgier, Oberflächlichkeit zwischenmenschlicher Beziehungen, Überbetonung eigener Interessen und Ziele.

Seit alters gibt es für die Tierkreiszeichen und Planeten symbolische Bezugssetzungen, die freilich für die heutige Individualhoroskopie keine große Bedeutung mehr haben. Immerhin interessieren sich noch viele Menschen dafür. Hier also Ihre Symbolbezüge:
Ihr Element ist die Erde.
Ihre Farben sind Gelb, Pastellblau und Grün.
Ihr Temperament ist das phlegmatische.
Ihr Metall ist das Kupfer.
Ihre Edelsteine sind Achat, Smaragd, Saphir, Lapislazuli, Türkis und Karneol.
Ihr Wochentag ist der Freitag.
Ihre Tiere sind Maikäfer, Lamm, Stier, Reh und alle Singvögel.
Ihre Pflanzen sind Linde, Birne, Kirsche, Erdbeere, Pflaume, Banane, Weizen, aber auch alle Feldblumen. Ganz allgemein stehen Tierkreiszeichen und Planet mit der gesamten Pflanzenwelt in einem symbolischen Bezug, weil sich in dieser Jahreszeit die Natur erneuert.
Ihre Zahlen sind die Fünf und die Sechs.

Wer bin ich?

Aus dem Sonnenstand am Tag Ihrer Geburt lassen sich grundsätzliche Aussagen ableiten, die freilich auf Ihren Aszendenten (siehe Seite 49 und dritter Teil dieses Buches) abgestimmt werden sollten. Über die Einteilung jedes Tierkreiszeichens in drei Dekaden informiert Sie das Vorwort auf Seite 5. Je nachdem, ob Sie in der ersten, zweiten oder dritten Dekade geboren sind, wirken sich verschiedene »typische« Prägekräfte Ihres Sonnenzeichens in unterschiedlicher Weise auf Sie aus.

Sterndeuter.
Aus einem Planetenbuch von 1596

1. Dekade vom 21.04. bis zum 30.04.

Ihr Wesen: beständig und bewahrend-praktisch
Ihr Auftreten: abwartend, eher vorsichtig, sachlich, willensstark, zielbewusst, höflich, freundlich, manchmal besitzergreifend, autoritär
Ihr Wünschen: wohlüberlegt, energisch, systematisch, ausdauernd, langfristig orientiert, dem Lebensgenuss zugetan, besitzstrebend
Ihr Denken: instinktiv-sachlich, beharrlich, gründlich, solide, manchmal eigensinnig bis stur, realistisch, materialistisch
Ihr Handeln: kraftvoll, hartnäckig, solide, kalkuliert ökonomisch, zuverlässig, manchmal träge und auf Bequemlichkeit bedacht
Ihr Ausdruck: sicher, ruhig-methodisch bis zur Pedanterie, gründlich, klar, logisch
Ihr Fühlen: zärtlich, warmherzig, treu, naturverbunden, instinktgeleitet, anhänglich, verhalten leidenschaftlich, zu Eifer- und Genusssucht neigend

Auf den ersten Blick bietet sich sicherlich eine Ansammlung lobenswerter Eigenschaften, aber ein Mangel fällt auf: Die Flexibilität im Denken und Handeln, die unsere Zeit vorrangig erfordert, fehlt Ihnen meist. Das wird freilich durch viele Ihrer nach wie vor wertvollen und nützlichen Anlagen und Fähigkeiten aufgewogen; in zahllosen Bereichen werden Menschen wie Sie allezeit gebraucht. Zu Ihren Lieblingssprichworten zählt »My Home is my Castle«. In häuslicher Geborgenheit fühlen Sie sich am wohlsten. Den Mangel an geistiger und körperlicher Wendigkeit gleichen Sie in der Regel durch überlegtes und vorausschauendes Planen und Handeln aus, so dass Sie sich seltener als andere Menschen Situationen gegenübersehen, in denen kurze Reaktionszeiten vonnöten sind.

Da Sie unter dem Zeichen Stier mit subtilem Einfluss des Nachbar-Zeichens Widder geboren sind, macht es Ihnen nicht allzuviel aus, wenn Ihr berufliches Leben manchmal bei Null beginnt. Dann arbeiten Sie jahrzehntelang zielbewusst, ausdauernd und zäh, ohne sonderlich aufzufallen, meist ohne genialische Einfälle und revolutionäre Neuerungen, aber am Ende werden Sie etwas erreicht haben, worauf Sie mit Recht stolz sein können: ein stabil abgesichertes Unternehmen, eine führende Position, ein »Lebenswerk«. Viele Stiere finden sich unter den sprichwörtlichen amerikanischen Millionären, die als Zeitungsverkäufer angefangen haben. Der Hauptimpuls in Ihrem Leben, der all Ihr Planen und Tun bestimmt, ist das Streben nach Sicherheit: das Erwerben und Sicherstellen von Besitz, Status, von Qualität, so dass Sie schließlich auf einer abgesicherten Gründlage die angenehmen Seiten des Lebens genießen können. Unter Einsatz all Ihrer Kräfte und einer guten Portion Hartnäckigkeit gehen Sie das Hindernis frontal an und räumen es ohne viel Aufhebens, aber sehr bestimmt beiseite. Ihr kräftiger Nacken dient Ihnen dabei häufig als einzige Waffe. Dort sieht man Ihnen auch Niederlagen am ehesten an: Ihr Kopf sinkt, die Schultern wirken noch breiter als sonst, Verspannungen treten ein, der sprichwörtliche »Stiernacken« wird sichtbar – ein deutliches Zeichen dafür, dass Sie etwas »hinunterschlucken« mussten.

Ein gewisser Materialismus ist Ihnen fast immer zu eigen: Sinnenfroh, gemütlich und in Sicherheit das Leben genießen, Dinge anzuhäufen, die das Leben angenehm machen, sie sammeln, sich mit ihnen umgeben, dabei auf Hochwertigkeit, Langlebigkeit und Wertbeständigkeit achten – all dies sind hervorstechende Eigenschaften des Stier-Geborenen.

Dieses Ihr Gefühl für Besitz und Wert werden allerdings auch die Ihnen nahestehenden Menschen zu spüren bekommen. Haben Sie erst einmal jemanden in Ihr großes Herz geschlossen, kann das bei Ihrem Gegenüber durchaus in kurzer Zeit Beengtheitsgefühle und »Luftmangel« auslösen, weil Sie auch von Ihren Partnern Besitz ergreifen, Sie für sich vereinnahmen wollen. Eifersuchtsausbrüche sind nicht selten, wenn sich jemand gegen diese meist herzlich gemeinte Umklammerung wehrt. Stiere sind »Revier-Menschen«: Wenn jemand unbefugt – mutwillig oder auch unabsichtlich – Ihre deutlich abgesteckten Grenzen und Ihre Einflusssphäre überschreitet, kann es schon einmal vorkommen, dass Sie »rot« sehen.

Ihre Eltern hatten es nicht immer leicht mit Ihnen. Ein Grund dafür ist, dass Sie selten Ihre Gefühle und Bedürfnisse deutlich zeigen können. Verletztheit merkt man Ihnen kaum an, weil Sie sich dann hinter scheinbarer Kühle und abweisendem Verhalten verstecken. Stier-Kinder brauchen viel Herzlichkeit und körperliche Nähe und Wärme, Lob und Ermutigung. Strenge und Härte bringen wenig; ihr Selbstvertrauen entwickelt man am besten durch das Stellen lösbarer Aufgaben, deren Schwierigkeitsgrad langsam steigt. Zwar zählt die Angst vor dem Versagen nicht unbedingt zu den hervorstechenden Eigenschaften eines Stier-Kindes der ersten Dekade, aber man sollte bei ihm den Leistungsdruck, der heute ohnehin fast überall herrscht, nicht auf die Spitze treiben.

Als Stier-Geborener lachen Sie gern und umgeben sich, wenn möglich, mit heiteren Menschen. Für Kunst und Musik haben Sie viel übrig und schätzen Gespräche über diese Themen. Auf Grund des Widder-Einflusses verschließen Sie sich Modernem nicht, auch wenn Ihr Geschmack eher bodenständig und wertbewusst ist: Wenn schon modern, dann Picasso.

Sie kennen ein unfehlbares Mittel, um Ihre materiellen Ziele und Wünsche in Reichweite zu bringen: ein gesundes Gleichgewicht zwischen Einnahmen und Ausgaben. Und gesund ist dieses Verhältnis in Ihren Augen immer dann, wenn die Einnahmen die Ausgaben um ein Mehrfaches übersteigen. Dieses Rezept lässt Sie selten im Stich, und sehr wahrscheinlich wären Sie nur schwer von einem Besseren zu überzeugen, hat es Ihnen doch zumeist auch die Erfüllung eines Ihrer Hauptwünsche ermöglicht: die eigenen »vier Wände«.

Trotz Ihres Sammelinstinktes und Ihres auf Sicherheit und Bewahren gerichteten Strebens ist Geiz für Sie in der Regel ein Fremdwort. Als Stier der ersten Dekade kennt man Sie als großzügigen

Gastgeber, der es seinen Gästen an nichts fehlen lässt. An leiblichen Genüssen liegt Ihnen viel; fast immer zählt Kochen zu Ihren Lieblingsbeschäftigungen. Als Freund gemütlicher Geselligkeit verwenden Sie gern Zeit, Mühe und Geld darauf, andere kulinarisch zu verwöhnen. Sich selbst gegenüber sollten Sie allerdings in dieser Hinsicht nicht allzu großzügig sein, denn sonst könnte nicht nur Ihre Figur, sondern auch Ihre Gesundheit darunter leiden.

Sie sind freilich nicht nur ein guter Gastgeber, sondern auch ein verlässlicher und treuer Freund und Partner, der auf das Wohlergehen der ihm nahestehenden Menschen sehr bedacht ist. Haben Sie erst einmal Ihre angeborene Zurückhaltung überwunden, dann kann man auf Sie zählen, oft lebenslang. Manchmal vergessen Sie allerdings dabei, dass Beziehungen lebendig gehalten werden müssen.

Nützt man jedoch Ihre Freundschaft für egoistische Zwecke aus, können Sie sehr nachtragend sein, und Ihr gutes Gedächtnis sorgt dafür, dass eine bedingungslose Versöhnung nur selten zustande kommt. Verzeihen fällt Ihnen schwer.

Die beste Entspannung bringen Ihnen Wanderungen oder Urlaub in mildem Klima ohne große Extreme, inmitten rollender Hügel mit bearbeiteten Feldern und fruchtbarem Boden, gesprenkelt mit kleinen Seen und Weiden. In einer ausgeglichenen, harmonischen Umgebung fühlen Sie sich am wohlsten.

Engagement und vollen Einsatz für eine Aufgabe kann man von Ihnen erst dann erwarten, wenn Sie sie genau geprüft und lange darüber nachgedacht haben. Abenteuerlust ist Ihnen zwar nicht fremd, aber Sie kalkulieren Risiken sehr genau. Am ehesten setzen Sie sich für etwas ein, das Ihnen den Erhalt und den Ausbau Ihrer grundsätzlichen Lebensführung ermöglicht.

Nur schwer lassen Sie sich aus der Reserve locken, sich um Ihre unerschütterliche, durchaus beneidenswerte Gelassenheit bringen. Mutwillig sollte man das nicht versuchen, denn es könnte für den Herausforderer schlimme Folgen haben. Trotz eines eher phlegmatischen Temperaments schlummert eine große Energie und Leidenschaftlichkeit in Ihnen. Negative Gefühle können Sie sehr gut verbergen, aber wenn man Sie reizt und herausfordert, wenn man Sie ständigen Sticheleien aussetzt, wenn man klar abgesteckte »Reviergrenzen« bedenkenlos überschreitet, kann es zu einer Explosion kommen, die mit unkontrollierbarer Urgewalt aus Ihnen hervorbricht – meist zur großen Überraschung derjenigen, die Sie provoziert haben. Immerhin weiß man nun genau, wie weit man bei Ihnen gehen darf. Zudem wird ein solcher Wutausbruch bei Ihnen ein eher seltenes Schauspiel bleiben, weil Sie einiges hinzunehmen bereit sind, um Ihre manchmal schwer erarbeiteten Freundschaften nicht aufs Spiel zu setzen.

Mit Ihrer Vorsicht, Bedachtsamkeit, Solidität und Zuverlässigkeit sind Sie für die meisten Mitmenschen ein angenehmer Zeitgenosse. Zu Ihren wichtigsten Lebensaufgaben kann eine vernünftige Auflockerung Ihrer starken Erdgebundenheit und Ihres ausgeprägten Konservativismus gehören. Lassen Sie sich dabei von Ihrem angeborenen gesunden Menschenverstand und Ihrem sicheren Instinkt leiten, versuchen Sie, Wendigkeit und Flexibilität im Denken und Handeln zu erlernen. Hüten Sie sich vor Erstarrung und übersteigertem Besitzdenken, das besonders in zunehmendem Alter mit einer Neigung zur Genusssucht und Habgier einhergehen kann. Gerade unsere heutige Zeit verlangt, dass man sich nicht auf errungenen Lorbeeren ausruht, dass man wachsam neue Entwicklungen beobachtet und schnell und flexibel handelt. Ziehen Sie mit, auch wenn es Ihnen schwerfällt, denn sonst können Sie manche sich Ihnen bietende Chancen nicht nutzen und werden etliches nicht erreichen, das durchaus in Ihren Möglichkeiten liegt.

2. Dekade vom 01.05. bis zum 10.05.

Ihr Wesen:	beständig und bewahrend-praktisch
Ihr Auftreten:	sachlich, willensstark, abwartend, zielbewusst, verbindlich, freundlich, besonnen
Ihr Wünschen:	wohlüberlegt, systematisch, ausdauernd, langfristig planend, in Maßen dem Lebensgenuss zugetan, besitzstrebend, auf Absicherung bedacht

Ihr Denken:	sachlich, intuitiv, gründlich, solide, eigensinnig bis hartnäckig, wirklichkeitsbezogen, materialistisch
Ihr Handeln:	praktisch, kraftvoll zupackend, ausdauernd, auf Details achtend, zuverlässig, manchmal jedoch auch zögerlich und träge
Ihr Ausdruck:	sicher, ruhig, methodisch, gründlich, klar
Ihr Fühlen:	naturverbunden, anhänglich, zärtlich, warmherzig, instinktgeleitet, besitzergreifend, manchmal auch lustig, zu Eifer- und Genusssucht neigend

In der Regel sind Sie eher konservativ, bauen am liebsten auf bewährtes Vertrautes, bleiben in eingefahrenen und deshalb sicheren Geleisen. Vor riskanten Neuerungen scheuen Sie zurück. Den Mangel an Beweglichkeit gleichen Sie allerdings durch vorausschauende Planung und wohlbedachtes Handeln aus und kommen so auf Ihre Weise mit System und Beharrlichkeit an die Ziele, die Sie sich gesetzt haben, wobei schwerwiegende Fehlschläge und gefährliche Irrwege durch die Gründlichkeit Ihres Vorgehens weitgehend ausgeschlossen sind. Sie sorgen für ein sicheres Fundament, auf dem Sie Schritt für Schritt aufbauen können, so dass ein solider beruflicher und gesellschaftlicher Aufstieg gewährleistet ist. Wenn Sie auf Schwierigkeiten stoßen, weichen Sie nicht aus, sondern räumen alle Hindernisse energisch zur Seite, um Ihren klarlinigen Weg fortsetzen zu können. Sparsam, wie Sie meist sind, gehen Sie auch mit Ihren Kräften haushälterisch um, so dass Ihr großes Energiepotenzial sehr weit reicht, Sie als ausdauernd und zuverlässig anerkannt werden. Sie können hart arbeiten, um sich einen stabilen materiellen Lebensrahmen zu schaffen, der für Ihr Wohlbefinden wichtig ist, doch ein »Aufsteiger« sind Sie nur höchst selten, denn Sie sind liebes- und lebensfroh und schätzen die Annehmlichkeiten des Lebens. Arbeit ist für Sie kein Selbstzweck, sondern dient der Schaffung jenes finanziellen Polsters, das Ihnen Sicherheit gibt und den erstrebten Lebensgenuss ermöglicht.

Haben Sie erst einmal Ihre angeborene Scheu überwunden und jemanden in Ihr großes Herz geschlossen, wird meist eine langdauernde Beziehung daraus, auf die man bauen kann. Manchmal sorgt freilich Ihr besitzergreifendes Wesen für gewisse »Druckgefühle« bei Ihrem Partner, der sich durch Ihren Ausschließlichkeitsanspruch eingeengt oder gar erdrückt fühlt. Hier liegt auch eine der Wurzeln der seltenen, aber dann fast immer explosiven Gefühlsausbrüche, die man bei Ihnen erleben kann: Auf jede tatsächliche oder vermeintliche Verletzung Ihrer Besitzansprüche gegenüber Menschen und Sachen reagieren Sie heftig und unternehmen viel, um den vorherigen Status wiederherzustellen.

Ihre Eltern hatten es nicht immer leicht mit Ihnen. Auf Kritik und Ermahnungen reagierten Sie kaum, häufig versteckten Sie Ihre Gefühle hinter einer kühlen, eher abweisenden Fassade, reagierten auf Verletztheit mit Abkapselung. Die Eltern von Stier-Kindern sollten stets daran denken, dass diese viel Herzlichkeit und Zuwendung brauchen, sich nach körperlicher Nähe und Wärme sehnen und unter übermäßigem Leistungsdruck rasch Versagensängste entwickeln. Man sollte Ihr Selbstvertrauen dadurch stärken, dass man Ihnen je nach ihren Möglichkeiten lösbare Aufgaben stellt, deren Schwierigkeitsgrad man langsam steigert. Sehr wichtig ist es, Ihnen abstrakte Zusammenhänge sinnlich begreifbar und anschaulich zu machen. Stier-Geborene lernen oft langsam und haben häufig mit abstrakten Lehrstoffen große Schwierigkeiten, aber was sie sich erst einmal »einverleibt« haben, sitzt für alle Zeiten, denn in der Regel haben sie ein sehr gutes Gedächtnis und verstehen es auch, ihr Wissen planvoll einzusetzen, es als stabile Basis zu benutzen, auf der sie methodisch aufbauen.

Der Stier-Geborene strebt nach Sicherheit und wertbeständigem Besitz; er ist ein Sammler, und zu seinen vorrangigen Lebenszielen gehören die »eigenen vier Wände«, ein Haus oder zumindest eine Eigentumswohnung, die er dann mit viel Liebe und Geschmack zu einem ebenso gediegenen wie gemütlichen Zuhause macht. Um dieses Ziel zu erreichen, bedient er sich eines unfehlbaren Mittels: des gesunden Gleichgewichtes zwischen Einnahmen und Ausgaben.

Gesund heißt für ihn allerdings, dass wesentlich mehr hereinkommt als abfließt. Er ist also meist sehr haushälterisch und sparsam, aber keineswegs geizig, denn dazu schätzt er zu sehr die Annehmlichkeiten des Lebens und die fröhliche Geselligkeit. Oft hat er Gäste um sich, die er großzügig bewirtet, denn er ist kein Egoist und lässt andere gern an den Genüssen teilhaben, die er sich selbst gönnt. Gutes Essen und Trinken zählen für ihn sehr viel, und nicht selten schwingt er selbst mit viel Geschick den Kochlöffel, um allerlei Lekkerbissen auf den Tisch zu zaubern. Die Kehrseite der Medaille ist allerdings die Gefahr von Übergewicht und Gesundheitsschädigungen durch allzu große Genussfreude.

Nicht nur als großzügiger Gastgeber oder aufmerksame Gastgeberin haben Sie einen guten Namen, auch Ihre Freunde können sich glücklich schätzen, einen Menschen wie Sie zum Gefährten zu haben. Ihre Zurückhaltung und Ihr feines Gespür für innere Werte lassen Sie zögern, Freundschaften einzugehen; sind aber erst einmal die Bande geknüpft, kann man auf Sie zählen. Freilich können zwischenmenschliche Beziehungen immer wieder durch Ihren besitzergreifenden Ausschließlichkeitsanspruch und Ihren Konservativismus belastet werden. Grundlose Eifersucht und langweilige Routine gehen auf Dauer auch dem langmütigsten und kompromissbereitesten Partner auf die Nerven und vergiften oder lähmen das Miteinander.

Am liebsten engagieren Sie sich für Aktivitäten, die das Bewahren und die Pflege Ihrer grundsätzlichen Lebensführung ermöglichen. Sie streben nach Wohlstand, aber nicht nur für sich, sondern für alle, und wenn Sie politisch tätig sind, ist die Wohlstandsgesellschaft mit größtmöglicher Absicherung der Besitzstände eines Ihrer Ziele. Zwar sind Sie nicht darauf aus, sich mit fremden Federn zu schmücken, aber in der Gesellschaft von Menschen, die es zu etwas gebracht haben, die Rang, Namen und natürlich auch materielle Güter besitzen, fühlen Sie sich wohl.

Menschliche Enttäuschungen können Sie nur sehr schwer verkraften; wenn Sie sich hintergangen oder verraten fühlen, brechen Sie Beziehungen meist sofort und unwiderruflich ab. Wenn Sie mit jemandem gebrochen haben, geben Sie ihm kaum je eine Chance für den Versuch, zerbrochenes Porzellan zu kitten. Was Verlässlichkeit und Treue angeht, stellen Sie an sich selbst so hohe Forderungen, dass Sie für diesbezügliches Versagen anderer nur wenig Verständnis aufbringen. Sie sollten sich bemühen, den Schwächen anderer gegenüber etwas mehr Großmut zu zeigen, und daran denken, dass auch Sie für Ihre Mitmenschen manche Mängel haben.

Am besten entspannen Sie sich bei einem Spaziergang in Begleitung Ihrer Familie oder guter Freunde, mit der Aussicht auf ein gutes Gasthaus am Ende des Weges. Wenn dann auch noch das Wetter mitspielt, warm, beständig, inmitten grüner Hügel und bearbeiteter Felder mit fruchtbarem Boden, Weiden und kleinen Seen, dann fühlen Sie sich in einer solchen paradiesischen Umgebung in Ihrem Element.

Nur schwer lassen Sie sich aus der Reserve locken, sich um Ihre unerschütterliche, durchaus beneidenswerte Gelassenheit bringen. Sie sind eher phlegmatisch und deshalb nur selten aggressiv, lassen Geschehnisse und Menschen auf sich zukommen. Missfallen und Ärger äußern sich bei Ihnen meist durch stillen Vorwurf. Sie »fressen« Negatives in sich hinein und warten lieber ab. Wenn man Sie aber ständigen Sticheleien aussetzt, bewusst provoziert und klar abgesteckte Reviergrenzen überschreitet, kann es doch einmal geschehen, dass Sie Rot sehen und explodieren – ein Wutausbruch, an den sich die Betroffenen wahrscheinlich noch lange erinnern werden. Mit explosiver Urgewalt brechen aufgestaute Leidenschaften hervor, und man tut gut daran, sich rechtzeitig in Sicherheit zu bringen. Zwei Gründe sorgen jedoch dafür, dass solche Ausbrüche bei Ihnen selten bleiben: Fortan weiß man sehr genau, wie weit man bei Ihnen gehen darf, und zudem sind Sie kein Einzelgänger und lassen sich lieber Einiges gefallen, als dass Sie Ihre meist schwer erarbeiteten und bedacht gepflegten Freundschaften aufs Spiel setzen.

Normalerweise sind Sie körperlich recht robust, doch plötzliche Klimawechsel und jähe Wetterumschwünge können Ihnen zu schaffen machen. Obendrein neigen Sie dazu, Krankheitssymptomen wenig Beachtung zu schenken und notwendige Behandlungen hinauszuzögern.

Mit Ihrer Vorsicht, Bedachtsamkeit, Solidität und Zuverlässigkeit sind Sie in der Regel für die meisten Mitmenschen ein angenehmer und umgänglicher Zeitgenosse. Dennoch kann unsere schnelllebige und hektische Zeit Ihnen einen manchmal schmerzhaften Lernprozess abverlangen, weil Sie die für die heutige Mobilität erforderliche Beweglichkeit im Denken und Handeln sich meist erst allmählich anzueignen vermögen. Eine Gefahr birgt auch Ihre Neigung zum Lebensgenuss, die sich mit zunehmendem Alter häufig noch steigert und positive Anlagen ins Negative umschlagen lassen kann. Willenskraft wird dann zu Egoismus, Strebsamkeit zum Fanatismus, Ausdauer zur Sturheit, Schönheitssinn zur Genusssucht. Jedenfalls sollten Sie auf diese möglichen Schwächen besonders Acht geben.

3. Dekade vom 11.05. bis zum 21.05.

Ihr Wesen:	beständig und bewahrend-praktisch
Ihr Auftreten:	zielbewusst, gewandt, sachlich, willensstark, freundlich, besonnen, selbstsicher
Ihr Wünschen:	ausdauernd, konsequent, systematisch, langfristig planend, dem Guten und Schönen zugetan, besitzstrebend, manchmal berechnend
Ihr Denken:	sachlich, wirklichkeitsbezogen, materialistisch, logisch, beharrlich, gründlich, häufig intuitiv, manchmal opportunistisch
Ihr Handeln:	praktisch, willensstark, kalkuliert ökonomisch, zuverlässig, manchmal träge
Ihr Ausdruck:	gründlich, sicher, klar, methodisch bis zur Pedanterie, gewandt
Ihr Fühlen:	warmherzig, instinktgeleitet, anhänglich, besitzergreifend, naturverbunden, bodenständig, zärtlich, manchmal genusssüchtig

Das sind auf den ersten Blick sicherlich viele lobenswerte Eigenschaften, aber was Ihnen meist fehlt, ist die für unsere Zeit so wichtige Wendigkeit im Denken und Handeln, innere Mobilität, doch kann dieser Mangel bei einem starken Einfluss des Nachbarzeichens Zwillinge weitgehend ausgeglichen sein. Gemildert wird er zudem durch Ihre positiven Eigenschaften: Sie planen und handeln wohlüberlegt und zielstrebig, kalkulieren mögliche Risiken auf lange Sicht und sichern sich dadurch weitgehend gegen Überraschungen ab. Das Sicherheitsdenken steht bei Ihnen im Vordergrund: Privat wie beruflich sind Sie auf stabile Grundlagen aus, auf denen Sie ein solides Gebäude errichten. Viel liegt Ihnen an einem gesicherten beruflichen und gesellschaftlichen Status, an Besitzständen, die Ihnen einen qualitätvollen Lebensgenuss ermöglichen. Dafür arbeiten sie mit viel Energie und Ausdauer auf der Basis realistischer Zielsetzungen. Nur bei einem starken Einfluss des Nachbarzeichens Zwillinge sind Sie weniger geradlinig und lassen sich notfalls auch auf Umwege und Kompromisse ein, wobei Ihre Kompromissfähigkeit freilich begrenzt bleibt. Das wendige Taktieren und subtile Finessieren ist nur selten Ihre Sache. Sie bahnen sich Ihren Lebensweg nicht in großen Sprüngen oder eleganten Schwüngen, sondern gehen ihn zielbewusst und methodisch Schritt für Schritt, sichern zunächst jede erreichte Stufe sorgsam ab, damit Sie auf einem tragfähigen Fundament planvoll aufbauen können. Selbstkritik und Weitblick sorgen für wirklichkeitsbezogene Planungen im Rahmen Ihrer Möglichkeiten, und Ihre ausdauernde Zähigkeit gewährleistet, dass gesteckte Ziele fast immer erreicht werden. Auch wenn Sie bei Null beginnen müssen, können Sie auf diese Weise weit kommen. Grundsätzlich sind Sie auf Sichern, Bewahren und Sammeln aus, also reichlich konservativ; nur bei starkem Zwillinge-Einfluss wird diese Einstellung abgemildert, zeigen Sie eine gewisse Risikobereitschaft und Aufgeschlossenheit gegenüber Neuem. In der Regel jedoch beharren Sie auf einmal eingenommenen Positionen, stützen sich vornehmlich auf Vertrautes, das sich nach Ihrer Meinung bewährt hat und Ihnen Sicherheit gibt.

Die Philosophie des Materialismus könnte von Ihnen ersonnen worden sein, entspricht zumindest weitgehend Ihrer Lebenseinstellung. Als sinnenfroher Mensch legen Sie Wert darauf, das Leben zu genießen, Dinge anzuhäufen, die das Leben verschönern und angenehm machen, wobei Sie auf Qualität und Wertbeständigkeit achten. Für jedes Engagement und für jede Investition an Energien und Zeit verlangen Sie einen realen Gegenwert; für schwammige Utopien und verstiegene Idealismen haben Sie nichts übrig. Sie sind ziemlich ichbezogen, aber meist keineswegs ein krasser Egoist, denn als geselliger Mensch halten Sie viel von dem Leitspruch »Leben und leben lassen«. Sie wollen etwas vom Leben haben, aber das soll nicht auf Kosten Ihrer Mitmenschen gehen.

Trotz Ihrer eher materialistischen, erdgebundenen Lebenseinstellung haben Sie durchaus tiefe, leidenschaftliche Gefühle. Ihre Herzlichkeit, Ihr Humor und besonders Ihre Gastfreundschaft machen Sie beliebt. Zwischenmenschliche Bindungen nehmen Sie ernst, Lebenspartnerschaften ebenso wie Freundschaften und Kollegialität. Sie sind gesellig und freuen sich am heiteren Miteinander in kleinen Runden, aber gleichzeitig achten Sie auf genaue Beachtung des »Reviers«, das Sie für sich abgesteckt haben.

Um Ihre große Leistungsbereitschaft zu wecken, musste man Ihnen lösbare Aufgaben mit langsam steigendem Schwierigkeitsgrad stellen, und erst die sich dadurch einstellenden Erfolgserlebnisse haben nach und nach Ihr Selbstvertrauen gefestigt. »Lernen durch Anfassen« war Ihr Zauberwort: Abstrakter Lernstoff muss Ihnen sinnlich erfassbar dargestellt werden, besonders weil Sie zur Flüchtigkeit und mangelnder Konzentration neigen, wenn Ihnen sein praktischer Nutzen nicht gleich klar ist.

Weil es Ihnen schwerfällt, auf Neues ohne Zögern zuzugehen und sich damit vertraut zu machen, ist Ihr Besitzgefühl stark ausgeprägt: Meist haben Sie sich alles schwer erarbeiten müssen, wenig ist Ihnen in den Schoß gefallen. Ihr auf das Bewahren und Erhalten ausgerichteter Konservativismus macht Sie sehr oft zum leidenschaftlichen, qualitätsbewussten Sammler, bewirkt aber auch, dass Sie gut mit Geld umzugehen und es klug zu mehren wissen. Nur in stabilen finanziellen Verhältnissen fühlen Sie sich richtig wohl. Auch die Idee, sich gegen die Fährnisse des Lebens mit einer Versicherung zu schützen, ist in den Köpfen von Stier-Geborenen entstanden, denn Sicherheit und Vorsorge brauchen Sie, um mangelnde Wendigkeit und

Anpassungsfähigkeit auszugleichen. Ihnen fällt es schwerer als anderen Menschen, mit jähen Veränderungen und Schicksalsschlägen fertig zu werden, und deshalb tun Sie viel, um gar nicht erst in solche Situationen zu geraten. Vor unkalkulierbaren Risiken schrecken Sie grundsätzlich zurück. Aus diesem Grund zögern Sie auch oft lange, ehe Sie eine zwischenmenschliche Bindung eingehen; Ihr Sicherheitsbedürfnis veranlasst Sie, zuvor die Tragfähigkeit einer solchen Beziehung abzuwägen. Dennoch sind Sie meist recht gesellig und alles andere als ein Einzelgänger; nur bei engen Kontakten sind Sie ungemein vorsichtig.

Hat man Ihre Freundschaft gewonnen, kann man getrost darauf bauen: Sie ist wie solider Fels. Sie lieben das Leben, wollen und können es genießen und lassen auch gern Ihre Mitmenschen an Ihrer Lebensfreude teilhaben. Geiz ist ein Fremdwort für Sie. Haben Sie erst einmal Ihre Reserviertheit, die manche mit Schüchternheit verwechseln, überwunden, wird Freundschaft zu einer Verpflichtung für Sie, der Sie gerne nachkommen. Sie sind ein hervorragender Gastgeber, dessen Kochkunst häufig zu Recht gerühmt wird. Trotz grundsätzlicher Sparsamkeit zeigen Sie sich in solchen Fällen sehr großzügig, was freilich nicht nur auf reiner Nächstenliebe beruht, sondern auch damit zu tun hat, dass Sie gerne Ihren Besitzstand anderen vorführen, Ihnen beweisen wollen, dass Sie sich etwas leisten können. In einer engen Partnerschaft sind Verlässlichkeit und Treue für Sie unabdingbar, wobei Sie diese Eigenschaften nicht nur vom Anderen fordern, sondern auch selbst in hohem Maße zeigen. Konservativismus und Besitzdenken lassen Sie allerdings häufig Ausschließlichkeitsansprüche erheben, die den Partner einengen und ihm manchmal seine Selbstentfaltung erschweren oder unmöglich machen. Hüten Sie sich vor übertriebener Eifersucht, machen Sie nicht den Versuch, den Partner ganz nach Ihren eigenen Vorstellungen und Maßstäben umzumodeln, ihn in eine von Ihnen zurechtgestutzte Zwangsjacke stecken zu wollen.

Jeden Menschen, auch den Stier-Geborenen, kann man herausfordern, aus der Reserve locken, in seiner Selbstsicherheit erschüttern. Was ist das »rote Tuch«, das Sie zum Rasen bringt?

Nun, grundsätzlich sind Sie sehr stabil und lassen sich nur schwer provozieren. Bei starkem Zwillinge-Einfluss wird Ihre Standhaftigkeit zusätzlich durch ein rationell-berechnendes Element verstärkt: Attacken prallen nicht nur an Ihnen ab, sondern werden auch geschickt pariert. Dennoch kann man auch Sie aus der Fassung bringen, etwa durch ständige hinterhältige Sticheleien, durch eine bösartige Verletzung Ihres ausgeprägten Ehr- und Gerechtigkeitsgefühls oder durch eine mutwillige Überschreitung der von Ihnen gezogenen »Reviergrenzen«. Verrat und Treuebruch trifft Sie schwer. Sie halten sich bei Provokationen lange zurück, aber wenn sie schließlich reagieren, dann mit Urgewalt, so dass Ihrem Widersacher Sehen und Hören vergeht. Wer sich Sie zum Feind gemacht hat, bekommt dies zu spüren: Wenn Sie zurückschlagen, hat er nichts mehr zu lachen. Gerade weil Sie persönlich zurückhaltend und umgänglich sind, beeindrucken Ihre explosiven Ausbrüche die Mitwelt um so mehr.

In der Regel sind Sie freilich für die meisten Ihrer Mitmenschen ein angenehmer und verträglicher Zeitgenosse, gesellig, zuverlässig und solide. Zwar neigen Sie dazu, auf allen Lebensbereichen, also auch in zwischenmenschlichen Beziehungen, in eine gewisse Routine zu verfallen, weil eingefahrene, vertraute Geleise Ihrem Sicherheitsbedürfnis entsprechen, doch kann die Nachbarschaft des Tierkreiszeichens Zwillinge bei den in der dritten Stier-Dekade Geborenen diese Tendenz abschwächen, so dass mancherlei Anstöße aus der Zweisamkeit oder von außen die Beziehung lebendig erhalten. Bemühen sollten Sie sich freilich um mehr Flexibilität, die Ihnen in jeder Hinsicht zugute kommt. Tun Sie dies nicht, besteht die Gefahr, dass mit zunehmendem Alter sich manche Ihrer positiven Anlagen ins Negative verkehren: Willensstärke wird zu egoistischer Rücksichtslosigkeit, Sicherheitsstreben zu zögerlicher Feigheit, Ausdauer zur Sturheit, Sparsamkeit zu Geiz, Lebensfreude zu hemmungsloser Genusssucht. Andererseits aber haben Sie so viele günstige Anlagen, dass Sie solche Negativ-Entwicklungen rechtzeitig erkennen und Ihnen gegensteuern können.

Meine Anlagen und Neigungen

Ein Stier-Geborener wird selten seine Schulerzeugnisse mit besonderem Stolz vorzeigen, denn er hat wenig Grund dazu: Zu sehr machte ihm abstraktes Wissen zu schaffen, und zu leicht ließ er sich durch Misserfolge entmutigen und wurde zum lustlosen Schüler. Vielleicht aber sind Sie eine Ausnahme, haben einen Lehrer gehabt, der den Lehrstoff durch Veranschaulichung »begreifbar« machte, und höchstwahrscheinlich ist Ihnen Ihre schon früh erwachende Willenskraft eine große Hilfe gewesen. Was Sie sich an Wissen angeeignet haben, ist für Sie jedenfalls ein sicherer »Besitz«, denn Sie haben ein gutes Gedächtnis. Sie sind wirklichkeitsbezogen und streben deshalb nicht nach verschwommenen Wunschzielen, sondern nach dem konkret Machbaren. Meist sind Sie auch manuell überdurchschnittlich geschickt und finden für Probleme effiziente praktische Lösungen.

Als Stier-Geborener sind Sie mehr gefühls- als verstandesbetont, sind introvertiert, leben also gleichsam von außen nach innen. Sie neigen dazu, Geschehnisse, Dinge und Menschen auf sich zukommen zu lassen; die rasch entschlossene Eigeninitiative ist weniger Ihre Sache, aber wenn Sie etwas anpacken, dann mit Energie, Ausdauer und Zähigkeit. Sie sind zwar zielstrebig, aber nicht sonderlich ehrgeizig, lassen sich nicht zu utopischen Höhenflügen verleiten, sondern schaffen sich zunächst eine stabile Basis, auf der Sie ein sicheres Gebäude errichten. Dadurch geht Ihr Aufstieg vielleicht langsamer voran als bei anderen, aber dafür hat das, was Sie schaffen, Bestand und Wert. Kühne Neuerungen liegen Ihnen nicht, weil Sie den damit verbundenen Risiken misstrauen; Sie bauen lieber auf Vertrautes, das sich bewährt hat. In Ihrem Streben nach Sammeln und Bewahren sind Sie häufig sehr konservativ und materialistisch eingestellt, finanziell können Sie es damit weit bringen. Sie schätzen Klarheit, Präzision und Ordnung im Äußeren, haben zwar ein Gespür für innere Werte, lassen sich aber doch in Ihrem Urteil nicht selten allzusehr von Äußerlichkeiten leiten. Erst wenn Sie viel Selbstsicherheit gewonnen haben, neigen Sie dazu, sich mehr auf Ihre Intuitionen zu stützen. Effizienz ist für Sie wichtig, in der Arbeit wie im Leben; eine unnütze Verschwendung von Kraft und Zeit ist bei Ihnen selten. Sie sind sparsam, aber nicht knausrig; vor Geiz bewahrt Sie Ihre Freude an den schönen Dingen des Lebens.

Stier-Geborene sind meist weder Betriebsnudeln, noch sind sie geborene Führernaturen. Eine Position im grellen Scheinwerferlicht der Öffentlichkeit liegt Ihnen wenig, und vor Risiken und Experimenten schrecken Sie zurück. Dieser Konservativismus kann sich negativ auswirken, wenn sich der Lebensgenuss und der Hang zur Bequemlichkeit mit dem Älterwerden immer stärker ausprägen. Sie geben sich dann schnell mit dem Erreichten zufrieden, Ihr Ehrgeiz schläft völlig ein, und Sie werden bequem und unbeweglich, was sich auch in Ihrer körperlichen Erscheinung ausdrücken kann. Sind erst einmal die Bedürfnisse des Alltags und die Altersversorgung gesichert, gibt es in diesem Fall nicht mehr viel, das Sie »hinter dem Ofen« hervorlocken könnte. Eine solche Entwicklung kann, muss aber nicht eintreten. In der Regel betrachten Sie erreichte Ziele weniger als Endstationen denn als Zwischenstadien, die Ihnen neue Möglichkeiten erschließen.

Ideal für Sie ist eine Berufstätigkeit, die eine sichere Position ohne große Risiken und Verantwortung mit sich bringt und Ihnen keine schnellen Entscheidungen abverlangt. Routinearbeit, ständige Wiederholung bestimmter Aufgaben stören Sie nicht im mindesten, Sie erledigen solche Pflichten mit Genauigkeit und Zuverlässigkeit. Diese Eigenschaften erschweren natürlich einen Berufswechsel und sind die Ursache, warum viele Stier-Geborene sich selbstständig machen, etwa in Berufen der Landwirtschaft und im Gartenbau oder in der Bauwirtschaft, wo sie sich auf Grund ihrer Bodenständigkeit und Naturverbundenheit sehr wohl fühlen können.

Trotz Ihrer praktischen Wirklichkeitsbezogenheit und nüchternen Sachlichkeit sind Sie den schönen Künsten durchaus aufgeschlossen. Deutlich wird das jedem Besucher Ihres trauten Heimes, das Sie meist mit viel Geschmack und Schönheitssinn eingerichtet haben. Aber viele Stier-Geborene betätigen sich darüber hinaus selbst künstlerisch, und nicht wenige machen das Kunsthandwerk zu Ihrem Beruf, besonders – wie könnte es anders sein – als Goldschmied. Häufig sind Sie auch ein exzellenter Hobbykoch in den eigenen vier Wänden, der seine Gäste mit Begeisterung kulinarisch verwöhnt und selbst herzhaft zulangt.

Ein Stier braucht Bedenkzeit. Sie sind nur sehr schwer entflammbar, lassen sich nicht von einer augenblicklichen Begeisterung mitreißen, misstrauen dem enthusiastischen Impuls. Entscheidungsprozesse brauchen bei Ihnen ihre Zeit; das Sprichwort »Was lange währt, wird endlich gut« könnte von Ihnen stammen. Deshalb ist es weniger Ihre Sache, einer Idee oder einem Projekt zum Durchbruch zu verhelfen. Wenn jedoch Dinge in Gang gekommen sind und Sie sich nach reiflicher Überlegung von deren Sinn und Wert überzeugt haben, sind Sie am Zuge: Mit viel Energie und großer Beharrlichkeit sorgen Sie dafür, dass die Verwirklichung planvoll und reibungslos voranschreitet und gesteckte Ziele effizient und auf abgesicherten Bahnen erreicht werden. Die Gefahr eines plötzlichen Abspringens ist bei Ihnen gering. Diese zielstrebige Tüchtigkeit und Verlässlichkeit kommen Ihnen im Berufsleben sehr zugute. Hüten Sie sich allerdings vor der manchmal bei Ihnen gegebenen Gefahr, dass Sie sich in eine Idee oder ein Projekt »verrennen« und dann stur Positionen verteidigen, die längst überholt oder unpraktikabel geworden sind. Stier-Geborene sollten stets darauf achten, dass sie nicht von neuen, besseren Technologien und effizienteren Methoden überholt werden. Halten Sie also am Alten nicht nur deshalb fest, weil es Ihnen vertraut ist und sich in der Vergangenheit bewährt hat; seien Sie für Neues aufgeschlossen, das, wenn Sie sich erst einmal darauf eingestellt haben, Ihnen bald ebenso viel Sicherheit geben wird; bleiben Sie beweglich, reaktionsbereit und anpassungsfähig!

In der astrologischen Literatur finden sich ausführliche Zuordnungen von Berufen zu den Tierkreiszeichen, die auf traditioneller Symbolik beruhen. Dem Stier zugeordnet sind alle Gastronomieberufe, Bauunternehmer und Händler mit Baustoffen, Maler, Tapezierer und Dekorateure, Berufe der Gold- und Juwelenbranche, besonders die Goldschmiede, Bauern, Sänger, im Sport die Gewichtheber und Ringer, Kunstsammler, alle Berufe des Bankwesens, vom einfachen Buchhalter über den Börsenmakler bis zum Bankier, Gärtner und solide Handwerksberufe wie Schreiner und Buchbinder.

Die tiefgreifenden Veränderungen im modernen Arbeitsleben lassen jedoch solche starren Festlegungen wenig sinnvoll erscheinen. Die Lage auf dem Arbeitsmarkt hat sich gegenüber früheren Zeiten dramatisch gewandelt. Nur noch eine Minderheit der jungen Menschen, die heute ins Berufsleben eintreten, wird zeit ihres Lebens in dem zunächst gewählten Beruf tätig sein. Eine neue Flexibilität, eine Bereitschaft zum Umdenken, eine neue Haltung gebenüber dem Lernen selbst sind gefragt. Gewiss zählt diese Flexibilität an sich nicht zu Ihren Stärken, wobei natürlich der Einfluss Ihres Aszendenten eine ausgleichende Wirkung haben kann. Da Sie jedoch von geselligem Wesen sind, sollte es Ihnen nicht schwerfallen, sich mit Menschen zu umgeben, die Ihre Fähigkeiten ergänzen und eventuelle Schwächen ausgleichen. In einem solchen harmonischen Zusammenwirken können Ihre positiven Eigenschaften (Verlässlichkeit, Beständigkeit, Gewissenhaftigkeit, Energie und Ausdauer) zu voller Geltung kommen, zu Ihrem eigenen Nutzen, aber auch zum Vorteil der Gemeinschaft, in der Sie leben und wirken.

Meine Gesundheit

Wenn in früheren Jahrhunderten Leute von Rang und Namen erkrankt waren, wurde als erstes nicht der Arzt, sondern der Astrologe gerufen, der dem Heilkundigen die für Diagnose und Behandlung wichtigen Hinweise zu geben hatte. Häufig waren jedoch die Ärzte selbst Astrologen, so etwa Paracelsus, der bedeutendste Mediziner an der Wende des Mittelalters zur Neuzeit, der die Meinung vertrat, dass die Beachtung der Gestirnstände eine notwendige Voraussetzung für jede erfolgreiche Behandlung sei. Das war damals schon seit Jahrtausenden üblich, wie Zeugnisse aus der griechischen und römischen Antike beweisen.

Uralt sind auch die Zuordnungen bestimmter Körperteile, Organe und Erkrankungen zu Tierkreiszeichen und Gestirnen. Das bedeutet nichts anderes, als dass je nach den Konstellationen des Geburtshoroskops bestimmte Schwachpunkte und Gefährdungen gegeben sind. Es heißt jedoch nicht, dass entsprechende Erkrankungen und Schädigungen tatsächlich eintreten müssen: Eine durch kosmische Prägung gegebene, im Geburtshoroskop angezeigte Krankheits- und Schädigungsdisposition wird erst dann akut, wenn im weiteren Verlauf des Lebens bestimmte auslösende Gestirnstände die schlummernden Anlagen aktivieren. Daraus ist freilich nicht zu schließen, dass »die Sterne krank machen«; sie machen ebensowenig krank, wie eine Uhr Zeit »macht«. Uhren zeigen Zeit an, und genauso zeigen Gestirne drohende Gefährdungen an. Wenn ich rechtzeitig auf diese Warnungen achte, meine Schwachpunkte kenne und weiß, welche Gefahren mir drohen, kann ich Gegenmaßnahmen ergreifen, um sie abzuwenden. Ich kann ganz gezielt meine Lebensweise und Ernährung umstellen, auf Genussgifte verzichten, meinen Organismus durch Bewegung, Gymnastik, Wasseranwendungen nach Kneipp usw. kräftigen und so dafür sorgen, dass meine Krankheitsdispositionen nicht zu tatsächlichen Erkrankungen werden.

Auf den ersten Blick erscheinen die traditionellen medizinischen Bezugsetzungen der Astrologie fast primitiv. Dem Tierkreiszeichen Stier zugeordnet sind der Hals und die Nackenregion, in der sich die für den Stier typische »Hartnäckigkeit« und die für das Aufnehmen und »Schlucken« zuständigen Teile befinden, also der gesamte Kehlkopf, der Rachen und die Mandeln. Als sekundäre Stier-Körperregion gilt seit alters das Herz.

Es besteht eine deutliche Neigung zu Erkrankungen des Halsbereiches, zu Erkältungen, Halsentzündungen, Angina, Husten, zu Verspannungen im Hals- und Schulterbereich, besonders bei Nässe und Zugluft, und auch die Bronchien sind bei Ihnen anfällig, was bis zur Lungenentzündung führen kann. Mandelvereiterungen sind nicht selten. Achten Sie auf Herz und Kreislauf; regelmäßige Untersuchungen sind sinnvoll und ratsam.

Im Tierkreiszeichen Stier »herrscht« der Planet Venus. Ihm werden u.a. Nieren, Blase, Geschlechtsorgane, Venen und Drüsen mit innerer Sekretion zugeordnet. Es besteht also die Gefahr von Nieren- und Blasenentzündungen und von Störungen im Hormonhaushalt des Körpers.

Die Astrologie hat diese Bezüge und Entsprechungen nicht willkürlich festgelegt, sondern in Jahrtausenden durch geduldige Beobachtungen von irdischem und himmlischem Geschehen erarbeitet.

Gefährdung und Vorbeugung

Die bei Ihnen angezeigten Gefährdungen bedeuten keineswegs, dass es schicksalhaft und unausweichlich zu einer entsprechenden Schädigung kommen muss, sondern lediglich, dass Sie in dieser Hinsicht besonders vorsichtig sein müssen, damit eine bei Ihnen gegebene Möglichkeit nicht zur schadenbringenden Wirklichkeit wird. Das hat zunächst einmal mit Astrologie wenig zu tun, sondern ist ganz einfach ein Gebot des gesunden Menschenverstandes. Ihre im Horoskop angezeigten Gefährdungen mögen Ihnen zwar nicht bewusst sein, sind aber doch ernst zu nehmen. Der Wert der Horoskopaussage liegt ja gerade darin, dass sie Ihnen Erkenntnisse über Ihre leib-seelischen Anlagen und Gegebenheiten vermittelt, also auch über Ihre physische und psychische Gesundheit

Aufteilung der Tierkreiszeichen auf die verschiedenen Körperzonen

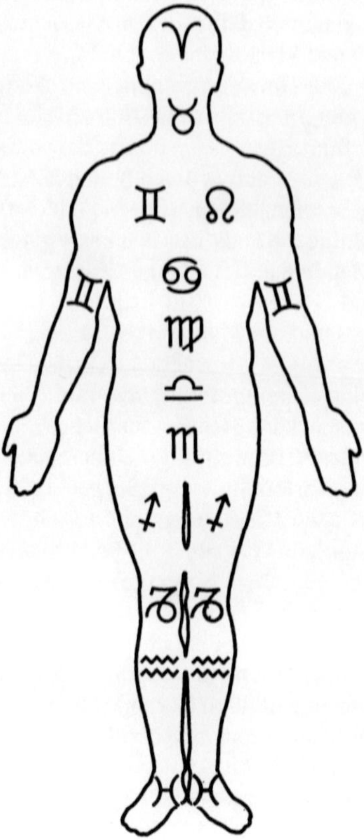

♈ Widder: Kopf
♉ Stier: Kehle, Hals
♊ Zwillinge: Lunge und Arme
♋ Krebs: Brust und Magen
♌ Löwe: Herz
♍ Jungfrau: Darm
♎ Waage: Nieren und Harnleiter
♏ Skorpion: Geschlechtsorgane
♐ Schütze: Oberschenkel
♑ Steinbock: Knie
♒ Wassermann: Waden
♓ Fische: Füße

und deren mögliche Beeinträchtigung. Wenn Sie Ihre Schwachpunkte kennen, können Sie gezielt dagegen angehen und durch vorbeugende Maßnahmen dafür sorgen, dass Anfälligkeiten nicht zu Erkrankungen und Schädigungen führen. Wir müssen uns hier freilich auf allgemeine Hinweise beschränken, denn die sogenannte Astromedizin oder medizinische Astrologie ist eine hochkomplizierte Erfahrungswissenschaft, deren Diagnose- und Therapiemethoden nicht auf wenigen Seiten darstellbar sind.

Ihre durch Ihr Sonnenzeichen angezeigten Gefährdungen betreffen in erster Linie die Hals-und Nackenregion, Kehlkopf und Stimmbänder, Mandeln und Rachen, in zweiter Linie Nieren und Blase, Venen und Drüsen. Anfällig sind Sie für Entzündungen des Halsbereiches und der Mandeln, besonders für Verspannungen der Nackenmuskulatur. Da zu Ihren Verteidigungsmechanismen eine Scheingutmütigkeit zählt, bei der Sie »den Kopf hängen« lassen, kann sich ein deutlicher »Stiernacken« mit den entsprechenden Verkrampfungsschmerzen ausbilden. Wenn Sie dazu neigen, Verletztheit und Sorgen in sich »hineinzufressen«, dann können Masseure gutes Geld an Ihnen verdienen. Überdies können solche Verspannungen sehr unangenehme Kopfschmerzen zur Folge haben. Sorgen Sie deshalb für Wärme im Hals- und Brustbereich. Scheuen Sie sich nicht, auch im Herbst und Frühling, besonders bei plötzlich hereinbrechenden Kaltfronten, einen Schal oder einen Rollkragenpullover zu tragen. Normalerweise gehen Sie mit Ihren Körperkräften haushälterisch um, aber seien Sie nicht allzu sparsam, denn Bewegungsmangel lässt den Körper leicht auskühlen. Achten Sie besonders auf vitaminreiche Kost (am besten Natur- und Rohkost), die Ihrem Körper die nötigen Abwehrstoffe zuführt. Darüber hinaus sollten Sie sich viel Bewegung in frischer Luft verschaffen; Sport, Ausgleichsgymnastik und Abhärtung beispielsweise durch Wasseranwendungen nach Kneipp wären von großem Nutzen.

Sehr bekömmlich für Stier-Geborene sind Kräutertees. Sie sollten es sich angewöhnen, täglich – am besten morgens auf nüchternen Magen – eine Tasse davon zu trinken. Da die Venen zu Ihren neuralgischen Punkten zählen, sollten Sie viel zu Fuß gehen, nicht nur bei Wanderungen am Wochenende, sondern auch in der Mittagspause oder am Abend, denn sonst drohen Ihnen später hässliche und schmerzhafte Krampfadern. Gefährlich ist Ihre Neigung, Krankheitssymptome schlichtweg zu übersehen und gar nicht oder zu spät zum Arzt zu gehen – es kann schlimme Folgen haben, wenn eine notwendige Behandlung unterbleibt oder verzögert einsetzt. Bei manchen kann aber auch das Gegenteil der Fall sein: Sie neigen zu hypochondrischer Selbstbeobachtung und übertriebener Wehleidigkeit und reagieren auf das kleinste Krankheitssymptom mit panischer Angst um ihr Leben. Bleiben Sie zwischen diesen Extremen auf dem vernünftigen »goldenen Mittelweg«. Besonders Acht geben sollten Sie an nasskalten Tagen. Wenn Sie ständig mit vielen Menschen zu tun haben, empfiehlt sich die regelmäßige Anwendung eines desinfizierenden Mundwassers, um Bakterien erst gar nicht an Sie heranzulassen. Eine weitere Grundregel für Sie: Lassen Sie sich durch Ihre Lebensfreude und Ihre Kochbegeisterung nicht zu allzu üppigem Essen verleiten, halten Sie sich an einen vernünftigen, ausgewogenen »Magenfahrplan«. Wenn Sie dies nicht tun, haben Sie wahrscheinlich im höheren Alter mit Übergewicht und entsprechenden Herz-Problemen zu tun. Mitbetroffen sind dann meist auch Kreislauf und Wirbelsäule, und Gicht ist eine der typischen Stoffwechselkrankheiten der Stier-Geborenen. Seien Sie also mäßig im Essen, aber auch im Trinken; schenken Sie Ihrem Körper die Aufmerksamkeit, die er verdient. Schließlich zählt auch er zu Ihrem »Kapital«, und mit Kapital gehen Sie doch ansonsten sehr bewusst und wirtschaftlich um!

Die ideale Partnerschaft – Liebe und Ehe

Manche Menschen verstehen sich auf Anhieb prächtig und kommen ausgezeichnet miteinander aus, während andere nur schwer zueinander Kontakt finden oder sich gar in offenen Streitigkeiten oder schwelenden Konflikten aneinander zerreiben. Wesensverwandtschaften und Wesensgegensätze spielen in zwischenmenschlichen Beziehungen eine entscheidende Rolle, und da das Wesen des Menschen maßgeblich durch kosmische Prägung mitbestimmt wird, sind Partnerschaftsvergleiche auf astrologischer Grundlage ungemein beliebt.

Nun sind freilich solche Vergleiche im konkreten Fall nur dann wirklich aussagekräftig, wenn die individuellen, präzis erstellten und ausgedeuteten Horoskope beider Partner als Grundlage dienen. Immerhin lassen sich aus den Sonnenzeichen zweier Menschen »Verträglichkeitswerte« ableiten, ist doch das Tierkreiszeichen, in dem zum Zeitpunkt der Geburt die Sonne gestanden hat, der wichtigste Prägefaktor des Individualhoroskops. Zwar kann man aus einem Wesensbild, das lediglich aus dem Sonnenzeichen abgeleitet wurde, keine genauen Aussagen für den Einzelfall gewinnen, aber solche Vergleiche sind dennoch sinnvoll, weil sie helfen können, zwischenmenschliche Beziehungen erfreulicher und reibungsloser zu gestalten: Wenn man die Stärken und Schwächen seiner Mitmenschen kennt, vermag man sich besser darauf einzustellen und manche Reibereien und Krisen zu vermeiden. Dazu gehört freilich auch, dass man zunächst einmal über sich selbst möglichst genau Bescheid weiß, sich seine Schwächen eingesteht und sich keiner Selbsttäuschung hingibt. Deshalb stellen wir den Partnerschaftsvergleichen nach Sonnenzeichen Ausführungen über Ihr eigenes Verhalten in zwischenmenschlichen Beziehungen voran.

Auf Grund der Charakteristiken der Sonnenzeichen hat man eine Vergleichstabelle der zwölf Tierkreiszeichen erstellt, auf der die Verträglichkeit nach einem von 1 bis 6 reichenden

Punktesystem bewertet wird. Danach verträgt sich der Stier am besten mit Jungfrau und Steinbock (je 6 Punkte), dann mit Stier und Schütze (je 5 Punkte) und mit Krebs und Fische (je 4 Punkte). Nicht ganz so gut klappt es mit Löwe und Waage (3 Punkte) sowie mit Widder und Skorpion (2 Punkte), während Zwillinge und Wassermann mit lediglich einem Punkt am unteren Ende der Verträglichkeitsskala stehen. Diese Bewertung gilt freilich nur für die grundlegenden Wesenszüge; im konkreten Einzelfall kann ein Stier durchaus mit einem Wassermann auskommen, doch müssen in diesem Fall beide Partner mehr als bei den anderen Verbindungen bemüht sein, die Beziehung trotz erheblicher Wesensunterschiede harmonisch zu gestalten, während in der Partnerschaft mit einem Steinbock diese Harmonie weitgehend von vornherein gegeben ist.

Ihr Partnerschaftsverhalten

Auch wenn Sie vermutlich überzeugt sind, fast nur lobenswerte Eigenschaften zu haben, sind Sie doch weder immer noch für jeden ein problemloser und angenehmer Partner. Gewiss, Sie haben zahlreiche gute Anlagen, sind zuverlässig, ausdauernd, fleißig, wirklichkeitsbezogen und stabil, achten auf Sicherheit und solide Grundlagen; Sie lieben eine gepflegte Häuslichkeit, verfolgen realistische Ziele mit ausgeprägtem Beharrungsvermögen und sind den schönen Dingen des Lebens sehr angetan. Gründliche Planung bewahrt Sie in der Regel vor Fehlschlägen, und Ihr Streben nach Absicherung bringt es mit sich, dass Sie Erworbenes gut zusammenhalten können. Mit Ihrer tiefen Gefühlswelt brauchen und schenken Sie Geborgenheit. Loyalität und Treue sind für Sie keine leeren Begriffe; das gilt bei Ihnen für alle Lebensbereiche, im Besonderen aber für zwischenmenschliche Beziehungen.

Aber all das hat auch seine Schattenseiten: Sie sind nicht sonderlich wendig und anpassungsfähig, brauchen Zeit, um sich auf neue Gegebenheiten und Menschen einzustellen, rasche und klare Entscheidungen sind nicht Ihre Sache. Häufig sind Sie sehr konservativ, hängen allzu sehr am Vertrauten und Althergebrachten, lehnen es ab, einmal eingenommene Standpunkte zu überprüfen und Ihre Ansichten und Einstellungen notfalls zu revidieren. Sie können recht starrsinnig und eigenwillig sein und neigen zu trotziger Rechthaberei, wenn Sie auf Widerstand stoßen. Damit hängt zusammen, dass Sie häufig sehr ichbezogen sind, was freilich nicht unbedingt rücksichtslosen Egoismus bedeutet, sondern eine Unfähigkeit, Gegebenheiten mit den Augen anderer zu sehen, die Standpunkte Ihrer Mitmenschen zu verstehen, sich in die Situationen und Empfindungen anderer hineinzuversetzen.

Sie sind auf Absicherung bedacht, wollen bewahren, Erworbenes zusammenhalten. Das gilt auch für Ihre zwischenmenschlichen Beziehungen, in denen Sie sich häufig sehr besitzergreifend zeigen: Was Sie haben, wollen Sie ganz und gar für sich allein haben. Dadurch laufen Sie Gefahr, Ihren Partner allzu sehr einzuengen, ihm jeden persönlichen Freiraum zu versagen, nicht weil Sie ihn unterdrücken, sondern weil Sie ihn völlig an sich binden möchten. Nur schwer können Sie einsehen, dass eine Beziehung auch ohne eine so ausschließliche Verklammerung stabil und dauerhaft sein kann.

Für Experimente haben Sie in jeder Hinsicht nur wenig übrig. Am liebsten bleiben Sie in den einmal eingefahrenen Geleisen, in denen Sie sich sicher fühlen. Kaum je unternehmen Sie etwas, dessen Folgen Sie nicht von vornherein überschauen können; Sie sind nicht wagemutig, und Sie sind auch kein Spekulant oder Spieler.

Es dauert einige Zeit, bis Sie sich in einer engen Bindung öffnen und Gefühle zeigen, denn auch hier wollen Sie zuerst sicher sein, die richtige Wahl getroffen zu haben. An losen Verbindungen liegt Ihnen wenig; Sie sind zuverlässig und treu und erwarten Ihrerseits Loyalität und Treue. Seitensprünge verzeihen Sie kaum. Auf sexuellem Gebiet sind Sie meist recht konservativ, aber gefühlsstark und von großer Ausdauer. Sie sorgen in einer Partnerschaft für einen angenehmen materiellen Rahmen und für finanzielle Absicherung, was beides Ihren eigenen Bedürfnissen entspricht, und bemühen sich um solide, dauerhafte Stabilität.

Stier mit Widder

Kraftgeladen sind sie beide, aber die Energie des Stiers ist eher statisch, die des Widders eher dynamisch: Der gefühlsbetonte Stier will haben, Besitzstände sichern und Stabilität wahren, der verstandesorientierte Widder will erobern, liebt Beweglichkeit und Freiheit über alles. Der rasch zupackende Widder ist direkt und offen, der verhaltene Stier eher vorsichtig, wenngleich ebenfalls nicht immer diplomatisch. Wenn allerdings eine Beziehung auf gemeinsamen Interessen beruht, können beide einander gut ergänzen: Der Widder sorgt für belebende Impulse und zielstrebiges Handeln, während der Stier darauf achtet, dass alles mit der notwendigen Umsicht und Absicherung in Angriff genommen wird. Zur Erreichung materieller Ziele können beide ein erfolgreiches Team bilden. Problematischer ist eine enge Zweierbeziehung, weil hier die Beweglichkeit und Freiheitsliebe des Widders dem konservativen Stier mit besitzergreifendem Ausschließlichkeitsanspruch zu schaffen machen können und auch die impulsive Offenheit und der rastlose Tatendrang des Widders den Stier stören. Wenn beide sich jedoch darum bemühen, sich auf die Eigenart des anderen einzustellen, und erkennen, welche Vorteile ihnen eine solche Beziehung bringt, kann es zu einer harmonischen, dauerhaften Partnerschaft kommen, in der der Widder für Belebung und Abwechslung sorgt, während der Stier einen soliden, angenehmen Rahmen sichert, sich um das Erreichen gemeinsam gesteckter Ziele kümmert und Erworbenes sorgsam bewahrt und mehrt.

Stier mit Stier

Stiere unter sich vertragen sich in der Regel sehr gut, wie schon die Bewertung in der Verträglichkeitstabelle auf Seite 37 andeutet. Dass trotz zahlreicher Wesensübereinstimmungen die Verbindung nicht übermäßig einförmig und langweilig wird, ist schon dadurch gesichert, dass außer dem Sonnenzeichen noch viele andere Gegebenheiten des Geburtshoroskops prägend sind und Stiere deshalb recht unterschiedlich sein können. Im Grundsätzlichen freilich sind die Anlagen, Neigungen und Interessen gleichgerichtet, so dass ausgezeichnete Voraussetzungen für eine harmonische und stabile Beziehung gegeben sind. Vor allem auf materiellem Gebiet ist ein Erfolg beinahe vorprogrammiert: Wenn zwei Stier-Partner ihren Fleiß und ihre Ausdauer auf ein in der Regel wohlbedachtes Ziel richten, werden sie es fast immer erreichen; Vorsicht und Wirklichkeitssinn bewahren sie vor Fehlschlägen. Auch für eine enge Verbindung stehen die Vorzeichen günstig: beide sind gleichermaßen an den guten und schönen Dingen des Lebens interessiert, beide legen Wert auf Treue und Loyalität, beide sind gefühlstief und bindungsstark. Freilich neigen auch beide zu Starrsinn und Rechthaberei, und eifersüchtig sind sie mit ihrem besitzergreifenden Ausschließlichkeitsanspruch sowieso. Das kann gelegentlich zu Reibereien und Auseinandersetzungen führen, aber dank dem Beharrungsvermögen und der Herzenswärme, die für den Stier charakteristisch sind, werden sich in der Regel die Wogen bald glätten. Selbst wenn die Liebe erkalten sollte, neigen Stiere noch dazu, eine im wesentlichen erfolgreiche Beziehung als »Zweckverband« aufrecht zu erhalten. Da sie in Ihrer Realitätsbezogenheit sehr vernünftig sind, stellen sie sich ohne Groll oder Bitternis auf die Gegebenheiten ein, so dass auch solche »Vernunftehen«, auch wenn kaum noch Herzlichkeit oder tiefere Gefühle füreinander bestehen, durchaus sinnvoll und letztlich für beide Partner befriedigend sein können.

Stier mit Zwilling

In der Verträglichkeitstabelle steht der Zwillinge-Mensch beim Stier ziemlich weit unten. In der Tat müssen beide Seiten zu Konzessionen und ehrlichem Bemühen bereit sein, damit eine Verbindung zwischen dem stabilen, gemütstiefen Stier und dem wendigen, verstandesbetonten Zwilling harmonisch und von Dauer ist: Der Stier-Partner muss seinen einengenden Ausschließlichkeitsanspruch in Grenzen halten, denn nichts hasst der Zwilling mehr, als dass jemand ihn ganz besitzen und in Beschlag nehmen möchte. Andererseits muss der unruhige, unbeständige Zwilling sich bemühen, sich in erster Linie auf seinen Partner zu konzentrieren, anstatt überall und bei vielen anderen Menschen neue Anregungen zu suchen, muss seine impulsive Offenheit im Zaum halten, um den Partner nicht unwillentlich zu verletzen. Beide müssen sich also aufeinander einstellen, müssen viel Verständnis für das Anderssein des Partners aufbringen. Wenn ihnen dies gelingt, können allerdings beide von der Verbindung profitieren: Dem Stier eröffnen die vielfältigen Anregungen und Ideen, die vom Zwillinge-Partner ausgehen, neue Horizonte und Möglichkeiten, während der Stier-Partner dem Zwilling mit Hingabe und unbedingter Treue Geborgenheit und materielle Sicherheit schenkt. Ohne Reibereien wird es freilich kaum abgehen, denn in ihren grundsätzlichen Wesenszügen sind beide nun einmal sehr verschieden. Zuwendung und Rücksichtnahme können Harmonie und Dauer der Partnerschaft sichern.

Stier mit Krebs

Da beide vorwiegend gefühlsbestimmt sind, ist eine gute Grundlage für ein harmonisches Miteinander gegeben: Beide empfinden tief, streben nach Sicherheit und Geborgenheit, sind häuslich, geben und brauchen Nestwärme. Während allerdings der Stier stark wirklichkeitsorientiert ist, flüchtet sich der empfindsame Krebs nicht selten in eine Wunsch- und Traumwelt. Der Stier ist zwar ichbezogen, vermag sich aber in andere Menschen einzufühlen, und so ist er imstande, mit seinem praktischen Sinn dem häufig unsicheren Krebs das Rückgrat zu stärken und ihm zu helfen, mit seinen nicht eben seltenen seelischen Krisen fertigzuwerden. Solche Zuwendung belohnt der Krebs durch Anhänglichkeit und verlässliche Loyalität. Dass der Stier in einer solchen Verbindung meist die führende Rolle übernimmt, stört den Krebs selten, solange er nicht das Gefühl hat, übermäßig eingeengt und bevormundet zu werden; ist dies der Fall, neigt er dazu, aus dem vermeintlichen Käfig auszubrechen, auch wenn ihn der häusliche Stier noch so bequem gepolstert hat. Die starke Seelenverwandtschaft birgt allerdings die Gefahr, dass eine Stier-Krebs-Beziehung allzu spannungslos wird; dann sollten beide auf belebende, anregende Anstöße von außen bedacht sein, die gemeinsame Unternehmungen oder auch ein interessanter Freundes- und Bekanntenkreis bringen können. Leere Betriebsamkeit und lauten Rummel lehnen allerdings beide gleichermaßen ab.

Stier mit Löwe

Trotz aller Wesensunterschiede haben beide manches gemeinsam: Beide lieben eine schöne Umwelt, legen Wert auf ein sicheres finanzielles Polster, schätzen den Besitz materieller Macht. Um all dies zu erreichen, setzen sie zielstrebig und fleißig ihr großes Energiepotenzial ein; am sozialen und beruflichen Aufstieg liegt ihnen beiden sehr viel. Sie bilden ein gutes Team für gemeinsame Unternehmungen, die der Löwe mit viel Schwung entwirft und dynamisch in Angriff nimmt, während der vorsichtige Stier die Planung absichert und den wenig ausdauernden Löwen dazu anhält, bei der Stange zu bleiben. Auch im Alltagsleben verstehen sich beide sehr gut, da sie den schönen Seiten des Lebens viel abgewinnen können, geborene Genießer sind. In einer engen Verbindung zeigt sich freilich meist bald, dass es auch viele Reibungsflächen gibt: Der Stier will seinen Partner ganz und gar in Beschlag nehmen, während der Löwe herrschen und im Mittelpunkt stehen möchte, und so kann es sein, dass jeder sich vom anderen übermäßig eingeengt und zurückgedrängt fühlt. Der Stier möchte das Erworbene zusammenhalten und mehren, während der Löwe finanziell eher eine lockere Hand hat. Da beide recht halsstarrig sein können, fällt es ihnen schwer, einen gemeinsamen Nenner zu finden. Starke Gefühle können manches überbrücken, aber völlig konfliktfrei und harmonisch wird eine Stier-Löwe-Verbindung auf Dauer wohl kaum sein.

Stier mit Jungfrau

In der Verträglichkeitstabelle stehen diese beiden Sonnenzeichen ganz oben, weil hier ungewöhnlich viele Gemeinsamkeiten gegeben sind: Beide handeln überlegt und vorsichtig, beide sind praktisch und sparsam, haben für wirklichkeitsfremde Höhenflüge nichts übrig und streben mit Fleiß und Ausdauer ihren Zielen zu. Der Gemütswärme des Stiers entspricht die Hingabebereitschaft der Jungfrau. Gut harmonieren sie auch bei gemeinsamem Tun: Die kritische, verstandesorientierte Jungfrau erkundet die Möglichkeiten, die der energische, beharrliche Stier dann zu verwirklichen hilft. Da beide zurückhaltend sind und ihr Herz nicht »auf der Zunge tragen«, macht es ihnen in einer engen Verbindung wenig aus, dass es dieser häufig an Leidenschaft und erotischer Spannung fehlt: Sie bevorzugen verhaltene Wärme und Gefühlstiefe. Allerdings gibt es auch manch Störendes, so etwa der Perfektionsdrang und die Kritiklust der Jungfrau, die dem Stier auf die Nerven gehen, während dessen Ausschließlichkeitsanspruch, der sich in übermäßiger Eifersucht äußert, der Jungfrau missfallen, die dem Partner nicht selten vorwirft, allzu unbeweglich und konservativ zu sein. Aber auch wenn es gelegentlich zu Unstimmigkeiten kommt, sind doch beide so besonnen und vernünftig, dass sie zu einem Kompromiss finden. Alles in allem sind die Voraussetzungen für eine harmonische Verbindung zum Nutzen beider Partner ausgesprochen gut.

Stier mit Waage

Die Waage ist für die tiefe Gefühlswelt des Stiers sehr empfänglich; beide lieben das Schöne und Gute, erstreben den Lebensgenuss, sind oft sehr kunstsinnig. Während aber der Stier ziemlich ichbezogen ist, braucht die Waage vielfältige Kontakte zur Umwelt und zu den Mitmenschen. Der Stier möchte den Partner für sich haben; die Waage jedoch lehnt es entschieden ab, eingeengt und bevormundet zu werden. Der Stier ist eher ein wenig tapsig, die Waage leichtfüßig. Der Stier sucht die Sicherheit langfristiger Festlegung, während die Waage risikofreudiger ist und eingefahrene Geleise als Zwang empfindet. Diese Aufzählung macht deutlich, dass es recht viele wesensmäßige Gegensätze gibt, die in einer losen Beziehung zwar weniger ins Gewicht fallen, aber in einer engen Bindung zu Reibungen und Auseinandersetzungen führen können. Deutlich werden die Gegensätze allerdings in erster Linie im praktischen Alltagsleben, während gefühlsmäßig die verbindenden Elemente überwiegen. Deshalb kann eine von tiefer Liebe getragene Stier-Waage-Partnerschaft für beide ungemein beglückend sein, was ihnen die Kraft gibt, trotz aller Wesensverschiedenheiten mit Diplomatie und Rücksichtnahme die mannigfachen Klippen zu umschiffen, die in einer solchen Verbindung immer wieder auftauchen werden. Zu gewissen Abstrichen müssen freilich beide fähig sein; Kompromissbereitschaft ist für eine konfliktarme und dauerhafte Beziehung wichtig.

Stier mit Skorpion

Eine erotische Beziehung »klappt« bei ihnen häufig auf Anhieb, da beide tiefer Gefühle fähig und für Zärtlichkeiten sehr empfänglich sind. Zwar sind sie in ihrem Wesen sehr unterschiedlich und haben oft auch ganz andere Interessen, aber gerade diese Gegensätzlichkeit kann zunächst eine starke Anziehungskraft ausüben und die erotische Attraktivität verstärken. Wenn allerdings eine Partnerschaft erst einmal eingefahren, das Miteinander zur Routine geworden ist, kann sich die anfängliche Begeisterung rasch verflüchtigen und schließlich einer mehr oder minder konfliktreichen Spannung weichen, die sich immer wieder in Auseinandersetzungen entlädt. Zusätzlich aufgeheizt wird die Atmosphäre dadurch, dass beide recht eigenwillig und ichbezogen sind, zu Starrköpfigkeit und Rechthaberei neigen, vom anderen Besitz ergreifen wollen und deshalb ungemein eifersüchtig sind. Den Stier stören die wirklichkeitsfremden Höhenflüge des Skorpions und sein Hang zur Besserwisserei; der Skorpion sieht das auf Absicherung bedachte Bewahrenwollen des Stiers als verknöcherten Materialismus an. Natürlich kann es sein, dass die Tiefe und Leidenschaftlichkeit der erotischen Bindung viele Gegensätzlichkeiten überbrückt und dadurch der Partnerschaft Dauer verleiht. In der Regel freilich sind Konflikte in einer Stier-Skorpion-Verbindung vorprogrammiert, so dass für ein befriedigendes Miteinander viel Verständnisbereitschaft gefordert ist.

Stier mit Schütze

Zwischen beiden gibt es wesensmäßig sehr viel mehr Gegensätze als Übereinstimmungen, und doch können sie ein recht erfolgreiches Team bilden: Der unternehmungslustige Schütze gibt Anstöße, der bedachte Stier sorgt für solide Planung, der dynamische Schütze setzt in Bewegung, und der ausdauernde Stier hält den Partner bei der Stange, wenn sein Interesse zu erlahmen droht. Die Vielseitigkeit des Schützen erweitert Horizont und Wirkungskreis des Stiers, während dessen Vorsicht Fehlschläge vermeiden hilft. Eine Bekanntschaft oder Freundschaft mit dem so ganz anderen Schützen gibt dem eher verhaltenen Stier belebende Anstöße, eröffnet ihm vielfältige Kontakte. Aber je enger die Verbindung wird, desto störender wirken sich die Gegensätze aus. Der Stier versucht, seinen rastlosen, wenig stabilen Schützen an die kurze Leine zu nehmen, aber dieser sieht darin eine

Freiheitsberaubung, die für ihn unerträglich ist. Ihn stören die mangelnde Kontaktfreude und die Eifersucht des Stiers; dieser wirft dem Schützen Leichtfertigkeit und Oberflächlichkeit vor. Dennoch können die Gefühlstiefe des Stiers und die Leidenschaftlichkeit des Schützen eine enge erotische Bindung begründen, die der Partnerschaft Dauer geben kann. Wenn obendrein noch gemeinsame Interessen und Ziele vorhanden sind, kann es trotz aller Gegensätze zu einem befriedigenden Miteinander kommen, denn gesunden Menschenverstand haben sie beide.

Stier mit Steinbock

In der Verträglichkeitsskala steht der Steinbock beim Stier ganz oben, denn beide haben sehr viele Wesenszüge gemeinsam, harmonieren nicht nur auf der Gefühlsebene, sondern auch im Alltagsleben. Beide sind erdverbundene, zielstrebige Realisten, beide schätzen materielle Güter und verfolgen ihre Ziele mit Fleiß und Ausdauer. Einen Unterschied gibt es dabei freilich: Hat der Stier erst einmal die erstrebte materielle Absicherung erreicht, gibt er sich damit zufrieden und will sein Dasein genießen, während der Steinbock auch dann noch weiter strebt, da ihn ein ungemein starker Ehrgeiz antreibt. Wenn sich also ein Stier mit einem Steinbock zusammentut, ist ihm der berufliche und soziale Aufstieg sicher, und da beide gut mit Geld umgehen können, dürfte auch ein beruhigendes materielles Polster garantiert sein, was ganz nach dem Herzen des Stiers ist, wenngleich ihm die nüchterne Karrierebesessenheit des Partners weniger passt. Häufig sind es materielle Interessen, die die außergewöhnliche Stabilität von Stier-Steinbock-Partnerschaften sichern, denn sonderlich leidenschaftlich sind solche Verbindungen kaum. Immerhin findet in ihr der Steinbock-Partner Gefühlswärme und verläßssliche Häuslichkeit, während dem Stier die dankbare Treue und die intensive Zuwendung des Partners Sicherheit schenkt. Stier-Steinbock-Ehen werden übrigens höchst selten geschieden.

Stier mit Wassermann

Nicht jeder Wassermann ist ein unverbesserlicher Fantast und Utopist, aber fast immer ist er sehr viel weniger erdverwurzelt und wirklichkeitsbezogen als der Stier. Für den Stier kann es zwar gut sein, wenn ihm der fantasievolle, tatendurstige Wassermann Anstöße gibt, und für diesen ist es nützlich, wenn ihn der realistische Stier daran erinnert, dass man von hochfliegenden Plänen und geistreichen Reden allein nicht leben kann. Eine lose Verbindung mag für den Stier sehr an- und aufregend sein, aber in einer engen Partnerschaft offenbaren sich viele Wesensgegensätze, die das Miteinander erschweren und komplizieren. Der Wassermann wehrt sich gegen den Ausschließlichkeitsanspruch des Stiers, hält dessen Sicherheitsbedürfnis für engstirnigen Materialismus, während dem Stier das Kontaktbedürfnis des Wassermanns, seine Unbeständigkeit und sein Desinteresse an finanzieller Absicherung nicht passen. Zwar sind beide grundsätzlich verständigungsbereit, doch in der Praxis reicht diese Bereitschaft häufig nicht aus, um immer wiederkehrende Auseinandersetzungen zu verhindern. Dies ist der Grund, warum der Wassermann in der Verträglichkeitskala des Stiers ganz unten steht. Wenn eine Partnerschaft von Dauer sein soll, müssen beide erhebliche Abstriche machen und sich auf die Eigenheiten des anderen einstellen, was ihnen zwar vermutlich wegen ihrer ausgeprägten Eigenwilligkeit nicht leicht fällt, aber bei ehrlichem Bemühen durchaus lohnt.

Stier mit Fische

Der gemütswarme Stier und der gefühlstiefe Fische-Mensch kommen sehr gut miteinander zurecht. Beide schätzen Sicherheit und die Annehmlichkeiten des Lebens. Das Zusammenleben ist meist wenig problematisch, weil der eher passive, anpassungswillige Fisch dem Stier gern die Führung überlässt. Wenn der Fische-

Partner allzu unbeständig und ziellos ist, kann er freilich dem praktisch ausgerichteten, strebsamen Stier auf die Nerven gehen; in einer Partnerschaft muss der Stier dafür sorgen, dass Entscheidungen getroffen werden und die materiellen Interessen gewahrt bleiben, wobei die dem Fisch eigene intuitive Problemlösung von großem Nutzen sein kann. Loyal und treu sind beide, so dass die beiderseitigen Ausschließlichkeitsansprüche wenig ins Gewicht fallen. Der Wirklichkeitssinn des Stier-Partners bewahrt den Fische-Menschen vor der Versuchung, sich in eine Wunsch- und Traumwelt zu versenken, während dessen Idealismus eine allzu materialistische Ausrichtung des Stiers verhindert. Ernsthafte, die Partnerschaft gefährdende Auseinandersetzungen sind selten, da beide rücksichts- und verständnisvoll sind und der Fische-Partner fast immer zum Einlenken bereit ist. Immerhin sollte sich der Stier-Geborene davor hüten, die Geduld und Nachsicht des Partners allzu sehr zu strapazieren. Beiden gemeinsam ist die Fähigkeit zum Lebensgenuss, die beim Fische-Partner auch einen Hang zu Genussgiften (z. B. Alkohol) einschließen kann, doch sorgt in der Regel der Stier-Partner dafür, dass alles in einem für das Wohlergehen und die Finanzen vernünftigen Rahmen bleibt.

Die Astrologen. Titelbild von 1596

Der Einfluss des Aszendenten

Der Aszendent, d. h. das Tierkreiszeichen, das im Augenblick der Geburt am östlichen Horizont steht, ist wegen seiner starken Prägekraft ungemein wichtig; zusammen mit dem Sonnenzeichen liefert er die bedeutsamsten Aussagen, die sich aus einem Geburtshoroskop ableiten lassen. Ohne Berücksichtigung des Aszendenten sind individuelle Deutungen nur unvollkommen.

Um Ihren persönlichen Aszendenten ermitteln zu können, müssen Sie natürlich wissen, zu welcher Zeit Sie geboren sind, weil im Laufe eines Tages alle zwölf Tierkreiszeichen am Osthorizont aufgehen. In dem Kapitel »Mein persönlicher Aszendent« können Sie nachlesen, wie Sie Ihre Geburtszeit in Ortszeit umrechnen. Dann brauchen Sie nur noch auf der Grafik Ihres persönlichen Geburtsdatums bei der ermittelten Zeit Ihren Aszendenten abzulesen.

Der Aszendent ist die Grundlage von Aussagen, die individueller sind als die nur aus dem Sonnenstand abgeleiteten, denn während das Sonnenzeichen Steinbock allen Menschen gemeinsam ist, die zwischen Ende Dezember und Ende Januar geboren sind, wird der Aszendent durch den Zeitpunkt und den Ort der Geburt jedes Einzelnen bestimmt. Seine volle Bedeutung gewinnt er freilich erst bei gradgenauer Festlegung als Richtpunkt jenes Häusersystems, das als »Feinraster« für alle Gestirnstände und Konstellationen im Geburtshoroskop ganz persönliche Deutungsmöglichkeiten bietet. Die hierfür erforderlichen Berechnungen und die daraus abzuleitenden Aussagen müssen wir allerdings den Fachastrologen überlassen.

Der Aszendent beeinflusst die Prägung durch das Sonnenzeichen mehr oder weniger stark, kann bestimmte Tendenzen verstärken oder abschwächen. Inwieweit dies bei Ihnen der Fall ist, können Sie in diesem Kapitel nachlesen.

Aszendent Widder

Der Einfluss dieses Tierkreiszeichens gibt Ihnen mehr Dynamik und Beweglichkeit, lockert Ihre Verhaltenheit auf, steigert Ihre Entschlussfreude. Insgesamt gesehen verstärkt er viele Ihrer positiven Eigenschaften: Möglichkeiten und Gelegenheiten nehmen Sie rascher wahr; Ihre Zielstrebigkeit wird geradliniger, und neben Ihrer großen Energie ermöglicht Ihnen eine gesteigerte geistige Wendigkeit die Durchsetzung Ihrer Pläne, wobei Sie es meist geschickt verstehen, auch andere Menschen für die Verwirklichung Ihrer Interessen einzuspannen. Dank des Widder-Einflusses ist es sehr wahrscheinlich, dass Sie den von Ihnen angestrebten beruflichen und sozialen Status rascher und sicherer erlangen und die stabile materielle Lebensgrundlage gewinnen, ohne die Sie sich nicht wohl fühlen. Sie sind offener für die Mitwelt, ergreifen häufiger von sich aus die Initiative, bleiben zwar vorsichtig und bedachtsam, sind aber doch bereit, notfalls kalkulierte Risiken einzugehen. Das kann Ihnen etliche Chancen eröffnen, die Sie ohne den Widder-Einfluss nicht wahrnehmen würden. Was Ihre Gefühlswelt angeht, so zeigen Sie mehr Leidenschaftlichkeit, neigen jedoch auch zu Heftigkeit, Zornausbrüchen und Ungeduld. Ihre Ichbezogenheit kann sich zur Selbstsucht steigern, die eigene Interessen ohne Rücksicht auf andere mit harten Ellenbogen durchboxt. Willensübersteigerungen, die mit Widder-Dynamik nach außen brechen, können zu mancherlei Konflikten führen. Mit Ihrem praktischen Nützlichkeitsdenken sollte es Ihnen allerdings möglich sein, Ihre unter Widder-Einfluss sehr beweglichen großen Energien bewusst und ohne allzu große Reibungen mit der Umwelt auf Ihre Lebensziele hin zu kanalisieren.

Aszendent Stier

Wenn sich Sonne und Aszendent zum Zeitpunkt der Geburt im gleichen Tierkreiszeichen befinden, wird dessen Prägekraft im Positiven wie im Negativen verstärkt. Sie besitzen ein sehr großes Energiepotenzial, das Sie mit viel Wirklichkeitssinn und starkem Durchsetzungsvermögen in Taten umsetzen, wobei Ihr Streben in hohem Maße auf Irdisches gerichtet ist. Eine tragfähige materielle Basis ist für Sie die unerlässliche Voraussetzung für den Aufbau eines stabilen Lebensrahmens, zu dem auch eine gesicherte berufliche und gesellschaftliche Position gehört. Diesen Rahmen brauchen Sie, um sich des Lebens so erfreuen zu können, wie es Ihrem ureigensten Bedürfnis entspricht, wobei die Gefahr einer einseitigen materiellen Ausrichtung und eines Hangs zu übertriebenem Lebensgenuss bestehen kann. Allzu starkes Besitzdenken belastet häufig Ihre zwischenmenschlichen Beziehungen, weil Sie Ausschließlichkeitsansprüche erheben, durch die andere übermäßig eingeengt werden. Ihr absicherndes Bewahrenwollen kann zu verknöchertem Konservativismus, Ihre stabile Ruhe zu tatenscheuer Trägheit und Ihre selbstbewusste Geradlinigkeit zu rechthaberischer Sturheit werden. Auf der anderen Seite aber sind Sie im Privat- und Berufsleben ungemein verlässlich, verantwortungsbewusst und stabil. Wenn Sie Aufgaben und Pflichten übernehmen, beweisen Sie Ausdauer, Gründlichkeit und Zähigkeit; Ihr Handeln baut auf zielstrebige Planung auf, doch fällt es Ihnen schwer, einen eingeschlagenen Kurs flexibel zu halten. Obwohl nach außen hin eher verschlossen, sind Sie ein Mensch warmer, tiefer Gefühle, der Partnerschaften und Freundschaften sehr ernst nimmt, ungemein fürsorglich ist und auf den man nicht nur in guten, sondern erst recht in schlechten Zeiten unbedingt bauen kann.

Aszendent Zwillinge

Die durch Ihre starke Erdverwurzelung bedingte Verhaltenheit, stabile Unbeweglichkeit und absichernde Verschlossenheit werden durch den Zwillinge-Einfluss erheblich aufgelockert: Sie sind wendiger, tatendurstiger und entschlussfreudiger. Sie öffnen sich stärker Ihrer Umwelt und den Mitmenschen, gehen aktiver an die Dinge heran, sind geistig mobiler und vielseitiger interessiert. Trotz aller Vorsicht zeigen Sie eine gewisse Risikobereitschaft, die jedoch durch weitsichtige Überlegenheit kontrolliert wird und deshalb nicht in unbedachte Abenteuerlust ausartet. Zweifellos macht Ihnen der Zwillinge-Einfluss manches leichter: Sie können sich rascher auf neue Gegebenheiten einstellen, reagieren wendiger und nützen die sich Ihnen bietenden Chancen entschlossener aus. Zu Ihrer wirklichkeitsbezogenen Zielstrebigkeit kommt ein gesunder Optimismus, der Ihr großes Energiepotenzial dynamisch zu aktivieren vermag. Zwar bleibt Ihr auf Absicherung bedachter Konservativismus erhalten, doch verschließen Sie sich vor von außen kommenden neuen Impulsen nicht, wenn diese Sie auf dem Weg zu Ihren Zielen voranbringen. Offener sind Sie aber auch in Ihrem Gefühlsleben: Sie zeigen mehr warme Herzlichkeit, nehmen intensiver Anteil, gehen stärker auf die Mitmenschen zu. Allerdings besteht die Gefahr, dass bei zu starker Hinwendung nach außen die Zweisamkeit zu kurz kommt. Schwächer ausgeprägt als beim »reinen« Stier-Typ sind bei Ihnen Ausdauer, Gründlichkeit und Zähigkeit, doch zum »Bruder Leichtfuß« werden Sie deshalb noch lange nicht. Alles in allem wirkt sich der Einfluss des Aszendentenzeichens Zwillinge auf den Stier-Geborenen recht günstig aus.

Aszendent Krebs

Noch vorsichtiger und zurückhaltender, als Sie sowieso schon sind, macht Sie dieses Aszendentenzeichen. Nach außen hin kann sich Ihre Verhaltenheit zur Verschlossenheit steigern. Ihr an sich starkes Selbstbewusstsein kann unter Krebs-Einfluss abgeschwächt sein, so dass Fehlschläge und unerwartete Hindernisse Sie stark verunsichern. Darunter kann Ihre Zielstrebigkeit leiden, die weniger geradlinig und zäh als starr und verbissen wird. Wenn Ihr Ehrgeiz auf Dauer nicht versiegen soll, brauchen Sie immer wieder Erfolgserlebnisse, Lob und Anerkennung durch Ihre Mitmenschen. Erleichtert wird Ihnen allerdings durch den Aszendenten das Erreichen Ihrer Ziele dadurch, dass zu Ihrem nüchternen Wirklichkeitssinn ein intuitives Gespür tritt, das Sie manche Chancen erkennen lässt, noch ehe sie sich deutlich abzeichnen. Wichtig ist es freilich, dass Sie sich in solchen Fällen rasch zur Tat aufraffen, um daraus Ihren Nutzen zu ziehen, doch das fällt Ihnen manchmal recht schwer, denn übermäßig mobil und entschlussfreudig sind Sie nicht. Immerhin verfügen Sie über ein außergewöhnliches Energiepotenzial, das Ihnen viel Durchsetzungskraft gibt, wenn es erst einmal aktiviert ist. In zwischenmenschlichen Beziehungen kann Ihr Partner unter Ihrer starken Ichbezogenheit, Ihrer Gefühlsverschlossenheit, mangelnder Aussprachebereitschaft und Ihrem eifersüchtigen Besitzdenken leiden, doch andererseits kommen ihm Ihre Fürsorglichkeit, Häuslichkeit und unbedingte Verlässlichkeit zugute. Sie sind treu und setzen sich für die Ihnen nahestehenden Menschen umsichtig und energisch ein. Ihrerseits brauchen Sie viel Zuwendung und Wärme, und es tut Ihnen gut, wenn man Ihnen Anerkennung und Dankbarkeit zeigt.

Aszendent Löwe

Sie sind energisch und ausdauernd, wirklichkeitsbezogen und zielstrebig. Sie arbeiten auf einen abgesicherten sozialen und beruflichen Status hin, der Ihnen Anerkennung durch die Mitwelt bringt. Allerdings wollen Sie nicht unbedingt im Mittelpunkt des Interesses stehen und übernehmen Führungsaufgaben am liebsten, wenn sie weniger Entschlussfreude und Kreativität als vielmehr Verantwortungsbewusstsein und Zähigkeit erfordern. Mit Theorien tun Sie sich häufig schwer, doch auf fast allen praktischen Gebieten packen Sie mit viel Geschick zu und sorgen mit Ideenreichtum für eine reibungsarm realisierbare Planung und die effiziente Durchführung von Aufgaben, wobei Sie großes Organisationstalent beweisen. Erfolg kann Ihr Selbstwertgefühl zu Überheblichkeit entarten lassen; in diesem Fall neigen Sie zur rücksichtslosen Durchsetzung Ihrer Interessen und zu herrischem Gehabe, das Ihnen keine Freunde schafft. In der Regel sind Sie freilich im Privat- und Berufsleben großmütig und loyal. Gelegentlich kann es Ihnen durch den Löwe-Einfluss erschwert sein, Ihre Energieströme wohlüberlegt zu kanalisieren, weil eine risikobereite Impulsivität und mangelnde Selbstbeherrschung ins Spiel kommen. Das gilt nicht nur für Ihre Arbeitskraft, sondern ebenso für Ihre durch den Aszendenten dynamisierten Gefühlskräfte, die sich zu triebhafter Leidenschaftlichkeit steigern können. Ihr materieller Aufstieg kann unter Löwe-Einfluss dadurch erschwert werden, dass Sie trotz Ihres auf Absicherung bedachten Wirklichkeitssinns nicht unbedingt geschäftstüchtig sind und manchmal zu einer großsprecherischen Verschwendung und zu einem übertriebenen Lebensgenuss und Luxus neigen.

Aszendent Jungfrau

Ihre großen Energien werden durch klares, kritisches Denken gesteuert, so dass Sie Ihren meist sorgfältig geplanten Lebensweg mit großer Zielstrebigkeit verfolgen. Ihre Pläne versuchen Sie auf dem kürzesten Weg zu verwirklichen, und Sie tun dies auf Grund Ihres praktischen Wirklichkeitssinns mit einer effizienten Methodik. Wenn Sie etwas anpacken, dann mit Nachdruck, und was dabei herauskommt, hat Hand und Fuß. Schwierigkeiten können dadurch auftreten, dass Sie nicht nur sehr selbstbewusst, sondern ausgesprochen eigenwillig und wenig anpassungsfähig sind; es fällt Ihnen schwer, sich unterzuordnen, nachzugeben und Kompromisse zu schließen. Ein starkes Sicherheitsdenken macht Sie konservativ; Neuem gebenüber sind Sie eher misstrauisch und wenig offen. Das gilt übrigens auch für Ihre zwischenmenschlichen Beziehungen: Auf andere wirken Sie unterkühlt und verschlossen, manchmal geradezu gehemmt. Es fällt Ihnen schwer, aus sich herauszugehen und Empfindungen zu zeigen, doch wenn Sie sich erst einmal geöffnet haben, werden überraschend tiefe und herzliche Gefühle offenbar. Am Anfang einer engen Zweierbindung kann diese Verhaltensweise Probleme schaffen, die jedoch bei näherer Bekanntschaft durch Ihre energiegeladene Leidenschaftlichkeit und warme Fürsorge abgebaut werden. Da Sie stets auf Stabilität und Sicherheit bedacht sind, sind Sie ein treuer und verlässlicher Partner und Freund, der Beziehungen auf tragfähigen Fundamenten aufbaut. In materieller Hinsicht können Sie es mit Ihrem großen Energiepotenzial und Ihrem klaren Kopf weit bringen, und was Sie durch Ihren zielstrebigen Aufstieg erworben und erreicht haben, wissen Sie zu wahren und zu mehren.

Aszendent Waage

Der Einfluss Ihres Aszendentenzeichens macht Sie zu einem Menschen des »goldenen Mittelwegs«, der zwar energisch und zielstrebig seinen Weg geht, aber sehr darauf bedacht ist, stets auf stabilem Boden zu bleiben. Sie sind ungemein vorsichtig und sicherheitsbewusst, überlegen alle Entscheidungen gründlich und unter Berücksichtigung aller nur denkbaren Konsequenzen. Aber dieses behutsame Abwägen erschwert Ihnen andererseits rasche Entschlüsse und klare Stellungnahmen, weil Sie immer fürchten, etwas übersehen zu haben. Auseinandersetzungen gehen Sie aus dem Weg und versuchen, Konflikte friedlich beizulegen. Sie sind weniger verhalten als der »reine« Stier-Typ, teilen sich gern anderen mit und wissen sich meist gut auszudrücken; mit Ihren Gefühlen jedoch halten Sie zurück. Sie lieben und brauchen Geselligkeit und sind meist künstlerisch oder musikalisch interessiert oder begabt. Ihre Umgänglichkeit, aber auch die Großzügigkeit, mit der Sie Ihnen nahestehenden Menschen an dem von Ihnen erstrebten und erreichten Lebensgenuss teilhaben lassen, machen Sie beliebt. Sie sind in Leben und Beruf ein gewissenhafter, fürsorglicher und verlässlicher Partner, der sich mit ausgeprägtem Gerechtigkeitsgefühl energisch auch für die Belange anderer einsetzt. Um Ihre Energien aktivieren zu können, brauchen Sie viel Lob und ermunternde Anerkennung; ohne einen solchen Ansporn kann der in Ihnen schlummernde Hang zu Bequemlichkeit und Trägheit die Oberhand gewinnen. Viel liegt Ihnen am gesellschaftlichen Status und an einer stabilen materiellen Lebensgrundlage, denn Sie fühlen sich am wohlsten, wenn Sie aus dem Vollen schöpfen können und Ihr Dasein auf lange Frist finanziell abgesichert ist.

Aszendent Skorpion

Ihr großes Energiepotenzial wird durch einen starken Willen gesteuert. Mit sehr viel Durchsetzungskraft, aber auch mit klarem Verstand nehmen Sie zielstrebig den beruflichen und sozialen Aufstieg in Angriff. Mit Halbheiten gibt sich Ihr ausgeprägter Ehrgeiz nicht zufrieden. Sie planen methodisch und realitätsbezogen und sind häufig auch ein vorzüglicher Organisator. Zwar wird sich Ihr Aufstieg in der Regel nicht sonderlich rasch oder in großen Schüben vollziehen, aber nach oben führt Sie Ihr Weg auf jeden Fall. Hemmungen kann es durch Ihren Mangel an Diplomatie geben, durch den Konflikte mit der Umwelt vorprogrammiert sind. Die Gefahr, dass berufliche Interessen Ihre private Sphäre weitgehend überdecken, ist bei Ihnen nicht gering; mehr Ausgewogenheit und eine Dämpfung Ihrer Karrieresucht kämen Ihren zwischenmenschlichen Beziehungen sehr zugute. Enge Kontakte werden dadurch erschwert, dass Sie ziemlich verschlossen sind, mit Ihren Gedanken und erst recht mit Ihren Gefühlen zurückhalten, weshalb Sie vielen Menschen als unberechenbar und kalt gelten. In Wirklichkeit aber bergen Sie in sich eine warme und tiefe Gefühlswelt, die zu lodernder Leidenschaft aufflammen kann. In einer Zweierbindung sind Sie ungemein fürsorglich, anhänglich und warmherzig, fordern aber Ihrerseits unbedingte Treue und Ausschließlichkeit. Übertriebene Einengung und Eifersucht können eine Partnerschaft belasten. Ganz allgemein sollten Sie Ihren Hang zur Starrköpfigkeit und Rechthaberei mäßigen und sich um mehr Flexibilität bemühen, denn oft bringen vernünftige Kompromisse sehr viel mehr Gewinn als hartnäckiges, uneinsichtiges Durchboxen von Interessen.

Aszendent Schütze

Durch den Einfluss dieses Aszendenten wird Ihre Grundstruktur in vieler Hinsicht aufgelockert und flexibel, was Ihnen sehr zum Vorteil gereicht. Ihre Zielstrebigkeit wird durch einen wirklichkeitsbezogenen Optimismus beflügelt, Ihr intuitives Gespür durch einen wachen Verstand ergänzt. Die Gefahr einer allzu einseitigen Fixierung auf persönliche materielle Interessen ist geringer, da Sie weniger ichbezogen und dadurch für die Umwelt offener sind. Allerdings sind Sie weniger anfällig für die Verlockungen der schönen und angenehmen Dinge, die das Leben zu bieten hat. Zwar bleibt Ihre auf Absicherung bedachte Vorsicht bestehen, aber wenn Sie erst einmal eine Position erreicht haben, die Ihnen ein gutes Auskommen sichert, legen Sie Wert darauf, die Früchte Ihrer Mühen genießen zu können. Sie sind umgänglich und gesellig, auch wenn Sie nicht »das Herz auf der Zunge tragen«. Der richtige Partner vermag Ihre Warmherzigkeit zu einer heißen Leidenschaft zu entflammen, die angesichts Ihrer sonstigen Verhaltenheit überrascht. Ihre selbstbewusste, geradlinige Offenheit kann zu manchen Konflikten führen; sonderlich diplomatisch sind Sie nicht, und im Vollgefühl Ihres großen Kräftepotenzials weichen Sie Auseinandersetzungen nur selten aus. Die durch den Schütze-Einfluss bedingte Auflockerung und Offenheit mildern Ihren Konservativismus; Sie sind an Neuem interessiert, können sich auf veränderte Gegebenheiten einstellen und sind auch bereit, gewisse Risiken einzugehen, sofern deren Folgen kalkulierbar bleiben. Von unbesonnenen Impulsen hingegen lassen Sie sich kaum je mitreißen.

Aszendent Steinbock

Für den beruflichen und sozialen Aufstieg bietet Ihre kosmische Prägung sehr gute Voraussetzungen: Sie sind ungemein ehrgeizig und zielstrebig, vorausschauend auf stabile Absicherung bedacht, ein hervorragender Organisator und obendrein mit einem großen Kräftepotenzial ausgestattet. Mit praktischem Wirklichkeitssinn legen Sie sich gangbare Wege zurecht, auf denen Sie unbeirrt voranschreiten, wobei Sie Konflikten nicht ausweichen und Hindernisse frontal angehen, um sie mit großer Kräfteballung auszuschalten. Diplomatisches Taktieren liegt Ihnen wenig, Ihre Kompromissfähigkeit ist sehr begrenzt. Allerdings besteht bei Ihnen die Gefahr, dass Ihre vornehmlich auf Materielles ausgerichtete Zielstrebigkeit zur Karrieresucht entartet, dass der Beruf in Ihrem Leben eine übermächtige Bedeutung gewinnt und Sie ihm alles Private opfern. Eine solche Einengung Ihres Lebenswegs sollten Sie unbedingt vermeiden. Ihre ichbezogene Verhaltenheit wird durch den Steinbock-Einfluss verstärkt; da Sie sich, was Ihre Gedanken und Gefühle angeht, ungern in die Karten schauen lassen, wirken Sie sehr verschlossen, ja abweisend, so dass man oft nicht weiß, woran man bei Ihnen ist. Wenn Sie jedoch eine enge Bindung eingehen und sich einem anderen öffnen, zeigt sich eine warme und tiefe Gefühlswelt, und Sie erweisen sich als ein fürsorglicher und verlässlicher Partner, der zwar Ausschließlichkeitsansprüche stellt und sehr eifersüchtig ist, aber sich energisch und umsichtig für die Belange der Zweisamkeit einsetzt und einen stabilen und komfortablen materiellen Rahmen sichert.

Aszendent Wassermann

Mit viel Energie peilen Sie Ihre meist hochgesteckten Ziele an, die sich bei aller Ichbezogenheit nicht nur auf das eigene materielle Wohl beschränken, denn mehr als der »reine« Stier-Typ sind Sie auch an den Belangen der Mitwelt interessiert und durchaus bereit, Ihr großes Kräftepotenzial in den Dienst einer Gemeinschaft zu stellen. Wer bei Ihnen die richtige Ader zu treffen weiß, kann Sie für idealistische Ziele begeistern, doch bleiben Sie stets auf dem Boden der Tatsachen und haben für schwammige Utopien wenig übrig. Ihre Offenheit befähigt Sie, Impulse aus der Umwelt aufzunehmen und daraus Nutzen zu ziehen. Auf riskante Abenteuer lassen Sie sich nicht ein; Sie bauen in erster Linie auf Vertrautes, das sich bewährt hat und Ihnen ein Gefühl der Sicherheit vermittelt. Bei Ihrem Tun ist Ihnen der Beifall der Mitmenschen weniger wichtig als die Selbstbestätigung, die der Erfolg Ihnen gibt. Da Ihr intuitives Gespür durch einen wachen Verstand ergänzt wird, sind Sie imstande, sich bietende Chancen sinnvoll zu nutzen, doch tun Sie dies nicht impulsiv, sondern sichern sich durch vorausschauendes Planen ab. Nach außen hin wirken Sie verhalten, sind aber umgänglich und ein warmherziger, verlässlicher Partner und Freund, der sich mit ausgeprägtem Gerechtigkeitsgefühl für andere einsetzt und auf einen raschen Abbau auftretender Spannungen und Differenzen bedacht ist. Wenn Sie sich eine abgesicherte Basis geschaffen haben, neigen Sie manchmal zu übertriebenem Lebensgenuss, an dem Sie gern auch Ihnen nahestehende Menschen teilhaben lassen, weil gemeinschaftliches Erleben Ihnen viel gilt.

Aszendent Fische

Gefühle und Intuitionen spielen bei Ihnen eine große Rolle; vorsichtig abwartende Zurückhaltung ist die Grundeinstellung, mit der Sie Ihrer Umwelt begegnen. Zwar verfügen Sie über ein großes Kräftepotenzial, aber häufig fällt es Ihnen schwer, Ihre Energien zu mobilisieren, um Pläne in die Tat umzusetzen, weil Ihr Bedürfnis nach vorausschauender Absicherung Ihren Tatendrang bremst. Das heißt freilich nicht, dass es Ihnen an Zielstrebigkeit fehlt, doch Sie gehen Ihren Weg nicht in großen Sprüngen, sondern mit genau kalkulierten Schritten, die Ihnen die für die Stärkung Ihres Selbstbewusstseins und für weiteren Antrieb notwendigen Erfolgserlebnisse garantieren, so dass Sie langsam, aber verlässlich vorankommen. Sie brauchen die Absicherung, weil Sie über Fehlschläge nicht ohne weiteres hinwegkommen und sich dadurch aus der Bahn werfen lassen. Seelisch sonderlich robust sind Sie meist nicht; deshalb sind Sie auch darauf bedacht, Konflikten nach Möglichkeit aus dem Weg zu gehen. Nach außen hin geben Sie sich zurückhaltend, aber höflich und verbindlich. Obwohl ziemlich ichbezogen, gehen Sie auf Ihre Mitmenschen ein und bringen Ihnen Interesse entgegen, wodurch Sie recht beliebt sind. Energisch setzen Sie sich für Schwächere ein, denen Unrecht geschieht, denn Beschützerinstinkt und Gerechtigkeitsgefühl sind bei Ihnen stark ausgeprägt. Sie haben zwar meist viele Bekannte, da Sie recht gesellig sind, aber meist nur wenige Freunde, weil Ihnen eine herzliche Zweisamkeit mehr gilt als ein großer Freundeskreis und Sie sich am liebsten auf einen einzigen Menschen oder Ihre Familie konzentrieren.

II.
Meine Einbindung in das Universum

Mein chinesisches Horoskop

Die jahrtausendealte chinesische Astrologie arbeitet mit einem eigenständigen System, das eine direkte Bezugsetzung zur uns vertrauten Astrologie unmöglich macht. Nach chinesischer Auffassung bestimmen fünf Faktoren Wesenszüge, Fähigkeiten und Schicksal des Menschen: der Jahrestyp, die Jahreszeit, die Doppelwoche, der Tag und die Stunde der Geburt. Seit dem 6. vorchristlichen Jahrhundert wird jedes Jahr einem von zwölf Tiersymbolen zugeordnet, so dass es zwölf verschiedene Jahrestypen gibt. Vom Jahrestyp hängen Wesens- und Gemütsart eines Menschen ab. Ohne Entsprechung im Abendland ist das auf die Gefühlswelt bezogene System der Jahreszeiten, von denen es fünf je einem Element zugeordnete Typen gibt. Auf Verhalten und Stellung innerhalb der Gemeinschaft bezieht sich das System der 24 Doppelwochen. Die Gefühlswelt wird außer durch die Jahreszeit auch durch den Geburtstag bestimmt; die in den chinesischen Stundenkreis der Tiere eingeordnete Geburtsstunde schließlich prägt das leib-seelische Erscheinungsbild des Menschen.

Obwohl der chinesische »Tierkreis« eine Zwölfteilung aufweist, gibt es doch keine vollständige Übereinstimmung, sondern lediglich Entsprechungen. Anhand der Jahrestabelle können Sie Ihren Jahrestyp feststellen und die entsprechende Charakteristik in unserer Übersicht nachlesen. Über die kosmische Prägung durch Jahreszeit und Doppelwoche Ihrer Geburt informieren wir Sie im Anschluss.

18. 2. 1912 - 5. 2. 1913	Ratte	5. 2. 1962 - 25. 1. 1963	Tiger
6. 2. 1913 - 25. 1. 1914	Ochse	26. 1. 1963 - 13. 2. 1964	Hase
26. 1. 1914 - 13. 2. 1915	Tiger	14. 2. 1964 - 1. 1. 1965	Drache
14. 2. 1915 - 3. 2. 1916	Hase	2. 2. 1965 - 21. 1. 1966	Schlange
4. 2. 1916 - 22. 1. 1917	Drache	22. 1. 1966 - 8. 2. 1967	Pferd
23. 1. 1917 - 10. 2. 1918	Schlange	9. 2. 1967 - 29. 1. 1968	Ziege
11. 2. 1918 - 31. 1. 1919	Pferd	30. 1. 1968 - 16. 2. 1969	Affe
1. 2. 1919 - 20. 1. 1920	Ziege	17. 2. 1969 - 5. 2. 1970	Hahn
21. 1. 1920 - 7. 2. 1921	Affe	6. 2. 1970 - 26. 1. 1971	Hund
8. 2. 1921 - 6. 2. 1922	Hahn	27. 1. 1971 - 18. 2. 1972	Schwein
7. 2. 1922 - 14. 2. 1923	Hund	19. 2. 1972 - 2. 2. 1973	Ratte
15. 2. 1923 - 4. 2. 1924	Schwein	3. 2. 1973 - 23. 1. 1974	Ochse
5. 2. 1924 - 24. 1. 1925	Ratte	24. 1. 1974 - 10. 2. 1975	Tiger
25. 1. 1925 - 12. 2. 1926	Ochse	11. 2. 1975 - 30. 1. 1976	Hase
13. 2. 1926 - 1. 2. 1927	Tiger	31. 1. 1976 - 17. 2. 1977	Drache
2. 2. 1927 - 22. 1. 1928	Hase	18. 2. 1977 - 7. 2. 1978	Schlange
23. 1. 1928 - 9. 2. 1929	Drache	8. 2. 1978 - 27. 1. 1979	Pferd
10. 2. 1929 - 29. 1. 1930	Schlange	28. 1. 1979 - 15. 2. 1980	Ziege
30. 1. 1930 - 17. 2. 1931	Pferd	16. 2. 1980 - 4. 2. 1981	Affe
18. 2. 1931 - 6. 2. 1932	Ziege	5. 2. 1981 - 24. 1. 1982	Hahn
7. 2. 1932 - 25. 1. 1933	Affe	25. 1. 1982 - 12. 2. 1983	Hund
26. 1. 1933 - 13. 2. 1934	Hahn	13. 2. 1983 - 1. 2. 1984	Schwein
14. 2. 1934 - 3. 2. 1935	Hund	2. 2. 1984 - 19. 2. 1985	Ratte
4. 2. 1935 - 23. 1. 1936	Schwein	20. 2. 1985 - 8. 2. 1986	Ochse
24. 1. 1936 - 10. 2. 1937	Ratte	9. 2. 1986 - 28. 1. 1987	Tiger
11. 2. 1937 - 31. 1. 1938	Ochse	29. 1. 1987 - 16. 2. 1988	Hase
1. 2. 1938 - 18. 2. 1939	Tiger	17. 2. 1988 - 5. 2. 1989	Drache
19. 2. 1939 - 7. 2. 1940	Hase	6. 2. 1989 - 26. 1. 1990	Schlange
8. 2. 1940 - 26. 1. 1941	Drache	27. 1. 1990 - 14. 2. 1991	Pferd
27. 1. 1941 - 14. 2. 1942	Schlange	15. 2. 1991 - 3. 2. 1992	Ziege
15. 2. 1942 - 4. 2. 1943	Pferd	4. 2. 1992 - 21. 1. 1993	Affe
5. 2. 1943 - 25. 1. 1944	Ziege	22. 1. 1993 - 9. 2. 1994	Hahn
26. 1. 1944 - 12. 2. 1945	Affe	10. 2. 1994 - 30. 1. 1995	Hund
13. 2. 1945 - 1. 2. 1946	Hahn	31. 1. 1995 - 18. 2. 1996	Schwein
2. 2. 1946 - 21. 1. 1947	Hund	19. 2. 1996 - 6. 2. 1997	Ratte
22. 1. 1947 - 9. 2. 1948	Schwein	7. 2. 1997 - 27. 1. 1998	Ochse
10. 2. 1948 - 28. 1. 1949	Ratte	28. 1. 1998 - 15. 2. 1999	Tiger
29. 1. 1949 - 16. 2. 1950	Ochse	16. 2. 1999 - 4. 2. 2000	Hase
17. 2. 1950 - 5. 2. 1951	Tiger	5. 2. 2000 - 23. 1. 2001	Drache
6. 2. 1952 - 26. 1. 1952	Hase	24. 1. 2001 - 11. 2. 2002	Schlange
27. 1. 1952 - 13. 2. 1953	Drache	12. 2. 2002 - 31. 1. 2003	Pferd
14. 2. 1953 - 3. 2. 1954	Schlange	1. 2. 2003 - 21. 1. 2004	Ziege
4. 2. 1954 - 23. 1. 1955	Pferd	22. 2. 2004 - 8. 2. 2005	Affe
24. 1. 1955 - 11. 2. 1956	Ziege	9. 2. 2005 - 28. 1. 2006	Hahn
12. 2. 1956 - 30. 1. 1957	Affe	29. 1. 2006 - 17. 2. 2007	Hund
31. 1. 1957 - 18. 2. 1958	Hahn	18. 2. 2007 - 6. 2. 2008	Schwein
19. 2. 1958 - 7. 2. 1959	Hund	7. 2. 2008 - 25. 1. 2009	Ratte
18. 2. 1959 - 27. 1. 1960	Schwein	26. 1. 2009 - 13. 2. 2010	Ochse
28. 1. 1960 - 14. 2. 1961	Ratte	14. 2. 2010 - 2. 2. 2011	Tiger
15. 2. 1961 - 4. 2. 1962	Ochse	3. 2. 2011 - 22. 1. 2012	Hase

Ratte

Stürmisch bis unbedacht und voreilig, selbstbewusst bis arrogant, setzt sich gern in Szene, kann und weiß meist viel und lässt dies andere deutlich merken. Kann sich nur schwer unterordnen und bleibt oft eingefahrenen Gewohnheiten verhaftet. Ist zwar im Grund hilfsbereit, aber nur dann großzügig, wenn Lohn und Anerkennung winken. Kann in materiellen Dingen recht erfolgreich sein.

Ochse

Vital, tatkräftig, zielbewusst, meist auch vorausschauend und klug planend. Strebt idealistische Ziele an und setzt sich für deren Verwirklichung ein. Ist in seinem Gefühlsausdruck eher verhalten, obwohl er tiefe Gefühle hegt. Kann mit seinem robusten, rastlosen Tatendrang für seine Mitmenschen manchmal recht anstrengend sein.

Tiger

Ungemein unternehmungslustig, aber auch mit großer Ausdauer bei der Verfolgung von Zielen. Übertriebene Vehemenz kann zu Fehlschlägen führen. Mut kann zu Tollkühnheit übersteigert sein. Ausgeprägtes Selbstbewusstsein neigt zu Selbstüberschätzung und Egozentrik, die Rücksichtslosigkeit zur Folge haben kann. Gefühle sind meist heftig, aber auch unstabil.

Hase

Von manchmal schier unbändiger Energie und rastloser Aktivität. In der Regel für Kunst und Literatur begeistert. Kann trotz der fast beängstigenden Dynamik viel Geduld und Verständnis für andere aufbringen, ist im Grunde des Herzens sehr uneigennützig. Kann mit Hindernissen fertig werden, vor denen die meisten verzagen.

Drache

Unerschrocken, weicht weder Feinden noch Hemmnissen aus, da Mut, Vitalität und Kraft im Überfluss vorhanden sind. Gibt sich häufig schroff und abweisend und hat manchmal nur wenige gute Freunde, ist aber im Innersten ungemein sensibel und hat für die Nöte und Sorgen anderer ein offenes Ohr. Muss lernen, seine Energien zu lenken und sich zu Selbstbeherrschung und Mäßigung zu zwingen.

Schlange

Lebt die großen Energieströme in Aktivitäten aus, die meist von schöpferischem Planen gelenkt werden. Kann mit kreativer Fantasie vielfache Anstöße geben und neue Entwicklungen einleiten, ist aber nicht sonderlich ausdauernd bei der Verfolgung von Plänen, sobald das Tun zur Routine geworden ist und keine neuen Anregungen mehr gibt. Kann eine tiefe Gedanken- und Gefühlswelt haben.

Pferd

Kaum zu bändigender Tatendrang wird in einer Vielzahl von Aktivitäten ausgelebt, die manchmal überstürzt in Angriff genommen werden; bei Hindernissen und Schwierigkeiten erlischt das Interesse rasch, und schnell wird etwas Neues angefangen. Heftige Gefühlsausbrüche sind keine Seltenheit; ansonsten werden Gefühle eher zurückgehalten. Ungeduld kann gegen andere ungerecht und verletzend zum Ausdruck kommen.

Ziege

Gerechtigkeitsfanatiker, der zu Streitsucht und Heftigkeit neigt, aber nur selten Gewalt befürwortet oder anwendet und Konfliktsituationen eher durch passiven Widerstand zu bewältigen versucht. Setzt sich für andere und für Ideale als Kämpfernatur ein. Ist in der Regel kreativ und manchmal künstlerisch veranlagt.

Affe

Steckt voller Pläne, die häufig gleichzeitig in Angriff genommen werden, wobei in vielen Fällen ein eiserner Wille, gute Nerven, vorausschauende Planung und eine realistische Einschätzung der Gegebenheiten zum Erfolg führen. Sollte aber allzu große Zersplitterung und übermäßige Kräfteballungen vermeiden, um nicht sich selbst und anderen zu schaden. Kommt meist aus Schwierigkeiten gut heraus.

Hahn

Ungemein betriebsam und erfolgsorientiert, aber auch sehr ichbezogen, neigt zu Selbstsucht, Geschwätzigkeit und Launenhaftigkeit. Kann sich nur schwer unterordnen. Seine direkte Offenheit ist wohltuend, kann aber auch verletzen. Gewandtheit und schlagfertiger Witz machen ihn beliebt. Häufig von allen Aspekten der Natur fasziniert und sehr triebstark, aber in den Gefühlen nicht unbedingt konstant.

Hund

Energiegeladen und ungemein draufgängerisch, aber dabei nicht unbedingt planvoll und bedacht, lässt sich immer wieder zu blindem Losschlagen hinreißen. Setzt sich kämpferisch für Gerechtigkeit und andere Ideale ein, hat gern eine »Mission«, die er unbeugsam verfolgt. Muss jedoch unbedingt darauf achten, seine Unternehmungen besser zu planen und seine Kräfte nicht zu verzetteln.

Schwein

Voll kämpferischer Energie, aber mit wenig Ausdauer und Durchsetzungsvermögen. Setzt sich gern für andere ein, schätzt aber nicht selten Gegebenheiten falsch ein und neigt zu vorschnellen Urteilen und unbedachten Reaktionen. Kann künstlerisch vielfältig begabt sein, braucht aber in dieser Hinsicht meist die Hilfe anderer, um zu Anerkennung und Erfolg zu gelangen.

Die Jahreszeit

Sie sind in der Holz-Jahreszeit geboren, die die Wochen vom 21. März bis zum 3. Juni umfasst. Das Element Holz wird dem Frühling zugeordnet und ist mit dem Osten verbunden; Beziehungen bestehen zur Landwirtschaft, zu saurem Geschmack und scharfem Aroma. Verschwistert ist das Element mit dem Wind, der sich vom sanften Säuseln bis zum zerstörenden Orkan steigern kann, und entsprechend reicht auch der Symbolbezug von Beweglichkeit und Tatkraft bis zur Heftigkeit und unbeherrschtem Zorn. Die Lieblingsfarbe des Holz-Menschen ist Grün, seine Glückszahl die Acht.

Am wohlsten fühlen Sie sich in Häusern oder Räumen, die nach Osten schauen, und den erquickendsten Schlaf finden Sie, wenn Sie mit dem Kopf nach Osten liegen. Ihre Lieblingsfarbe Grün schenkt Ihnen bei Erkrankung oder Erschöpfung Erholung und Entspannung, besonders das frische Grün von Laub und Gras. Viel Bewegung in freier Natur erhält Sie gesund und leistungsfähig; ganz allgemein trägt eine naturverbundene Lebensweise entscheidend zu Ihrem inneren Gleichgewicht und zur Wahrung Ihrer körperlichen und geistigen Spannkraft bei.

Sie haben viel gesunden Menschenverstand, doch besteht bei Ihnen immer wieder die Gefahr, dass Sie sich von Gefühlswallungen mitreißen lassen und sich dann Ihre starken Energien in unbedachten Aggressionen entladen. Vermeiden Sie es, Konflikte und Hindernisse durch geballten Krafteinsatz überwinden zu wollen; lassen Sie im Umgang mit Ihren Mitmenschen mehr Rücksichtnahme und Verständnis walten. Als Seelentröster können Sie Ihrer Umwelt vermutlich nur wenig helfen, aber Sie können mit Ihrem mitreißend dynamischen Optimismus anderen belebende Impulse vermitteln, ihnen Kraft und Schwung geben. Als wirklichkeitsbezogener Praktiker, der wie ein Baum fest in der Erde verwurzelt ist, vermögen Sie viel zu Problemlösungen beizutragen.

Die 6. Doppelwoche

Sie sind in der sechsten chinesischen Doppelwoche geboren (der Neujahrstag der Chinesen fällt nicht mit dem unseren zusammen), die die Tage vom 21. April bis zum 5. Mai umfasst. Dies ist die Doppelwoche des fruchtbaren Regens, die Ihre Anlagen in bestimmter Weise prägt.

Sie sind selbstsicher und zuverlässig und stehen mit beiden Füßen fest auf der Erde. Kraft und Ausdauer sind bei Ihnen stark ausgeprägt. Ihre recht konservative Einstellung bewahrt Sie vor unüberlegten Risiken; Neuem stehen Sie grundsätzlich misstrauisch gegenüber. Sie bauen auf Vertrautes und Bewährtes und lieben keine Experimente. Ihr Planen und Handeln zielt auf Absicherung und die Schaffung solider Lebensfundamente. Sie streben nach einer auch materiell stabilen Stellung in Gesellschaft und Beruf und sind bereit, dafür hart zu arbeiten. Ein »Arbeitstier« sind Sie freilich nicht; Arbeit macht Ihnen nur Spaß, wenn Anerkennung, beruflicher und sozialer Aufstieg und nicht zuletzt finanzieller Gewinn winken. Da Sie ziemlich ichbezogen sind, liegt es Ihnen wenig, sich für andere Menschen oder Gemeinschaftsaufgaben zu engagieren. Einem Lebenspartner oder der Familie gegenüber sind Sie allerdings sehr fürsorglich und anhänglich; andererseits sind Sie aber auch besitzergreifend und eifersüchtig und erwarten für Ihre Bemühungen Dank und Anerkennung. Sonderlich kreativ und geistig initiativ sind Sie nicht, doch wenn Sie eine Aufgabe übernommen haben, kann man sich darauf verlassen, dass Sie sie gewissenhaft und ausdauernd erledigen.

Manchmal kann Ihnen Ihr Mangel an geistiger Beweglichkeit und intuitivem Gespür zum Nachteil gereichen. Hüten Sie sich davor, Ihr ganzes Augenmerk auf den sozialen und beruflichen Aufstieg und die Absicherung Ihres materiellen Fundaments zu richten; seien Sie aufgeschlossener gegenüber Ihren Mitmenschen und Ihrer Umwelt, lassen Sie Ihr Gefühlsleben nicht verkümmern!

Die 7. Doppelwoche

Sie sind in der siebenten chinesischen Doppelwoche geboren (der Neujahrstag der Chinesen fällt nicht mit dem unseren zusammen), die die Tage vom 6. bis zum 21. Mai umfasst. Dies ist die Doppelwoche des Sommerbeginns, die Ihre Anlagen in bestimmter Weise prägt.

Sie sind fleißig und praktisch veranlagt, sparsam und zuverlässig und verfügen über viel gesunden Menschenverstand. Sehr viel Eigeninitiative bringen Sie freilich nicht auf; Ihnen ist es lieber, wenn andere die Anstöße geben und Risiken und Verantwortung übernehmen. Deshalb weichen Sie weitreichenden Entscheidungen nach Möglichkeit aus oder schieben sie lange vor sich her. Wenn Sie sich jedoch einmal festgelegt haben, bleiben Sie bei Ihrem Entschluss, denn ungern revidieren Sie Ihre Standpunkte. Sie streben nach Anerkennung und finanziellem Gewinn, weil beides Ihnen Sicherheit bringt, Ihre Position absichert. In Gelddingen haben Sie meist eine glückliche Hand, so dass Sie in der Regel zu einem beruhigenden finanziellen Polster kommen. Im Planen und Handeln sind Sie weder sonderlich kreativ noch sehr schnell, aber dafür sind Sie gründlich und ausdauernd. Eine gewisse künstlerische Begabung kann Ihnen in manchen Berufen zugute kommen und Ihnen in der Freizeit Befriedigung schenken.

Hüten Sie sich vor Selbstsucht und einer allzu materialistischen Einstellung, vor Karrieresucht und Raffgier. Verschließen Sie sich nicht Ihren Mitmenschen und der Gemeinschaft; entwickeln Sie ein Gespür für die Nöte und Bedürfnisse anderer. In engen zwischenmenschlichen Beziehungen sind Sie zwar fürsorglich und auf ein angenehmes, materiell abgesichertes Umfeld bedacht, das Ihnen und Ihrem Partner oder der Familie ein Gefühl der Geborgenheit schenkt, doch auch hier fällt es Ihnen oft schwer, Verständnis und menschliche Wärme zu zeigen, tiefe Gefühlsbindungen aufzubauen und das Miteinander seelisch zu vertiefen.

Mein indianisches Horoskop

Obwohl sie auf einem Weltbild beruht, das von unseren abendländischen Vorstellungen sehr verschieden ist, gelangt auch die indianische Astrologie zu Einsichten über den Menschen, die den uns vertrauten Horoskop-Aussagen verblüffend ähnlich sind. Auch für den Indianer ist der Mensch in das Universum eingebunden, ist Bestandteil eines engen Geflechts von Beziehungen und Wechselwirkungen, das die ganze Welt durchzieht.

Nach Auffassung der Indianer tritt der Mensch mit seiner Geburt in einen magischen Kreis ein, der die ganze Welt in sich einschließt. Vier Abschnitte unterteilen das Universum, den Jahres- und Tageslauf und werden durch je ein Tier symbolisiert: Ost – Frühling – Morgen – Adler; Süd – Sommer – Mittag – Kojote; West – Herbst – Abend – Grizzlybär; Nord – Winter – Nacht – Weißer Büffel. Unseren Tierkreiszeichen entsprechen zwölf Monde, denen jeweils ein Totem (Zeichen) im Tier-, Pflanzen- und Mineralreich sowie eine Symbolfarbe beigegeben sind.

Sie sind ein Biber-Mensch (20.04.-20.05.)

Geboren sind Sie unter dem Mond der Wiederkehrenden Frösche, der etwa dem Zeitraum unseres Tierkreiszeichens Stier entspricht. Ihr Totem im Tierreich ist der Biber, Ihr Totem im Pflanzenreich die Blaue Camasspflanze, Ihr Totem im Mineralreich der Chrysokoll und Ihre Symbolfarbe Blau. Geboren sind Sie im Frühling, der Jahreszeit von Wabun (Adler), der Hüterin des Geistes.

Der Biber-Mensch ist sehr erdverbunden und schätzt Sicherheit und Stabilität. Bei seinen Entscheidungen lässt er sich meist mehr von Gefühlen und Intuitionen als vom Verstand leiten, aber in praktischen Dingen zeigt er viel gesunden Menschenverstand. Er ist gefühlsstark, hat sich jedoch meist in der Gewalt und wirkt nach außen verhalten und ruhig.

Nur in einem geordneten, abgesicherten Rahmen kann sich der Biber-Mensch voll entfalten. Freilich ist er durchaus fähig, sich neuen Gegebenheiten anzupassen, denn er ist klug, gewandt und obendrein sehr lernfähig. Großen Wert legt er auf eine möglichst reibungslos funktionierende persönliche Umwelt. Bindungen nimmt er sehr ernst. Da ihm die Stabilität von Beziehungen am Herzen liegt, ist er allerdings dem Partner gegenüber sehr besitzergreifend. In Ehe und Familie sollte er sich bemühen, Gefühle offener zum Ausdruck zu bringen und herzlicher zu sein.

Partnerschaften

Als Biber-Mensch sind Sie ein Vertreter des Schildkrötenklans. Dem gleichen Klan gehören auch die Braunbär-(Jungfrau-) und Schneegans-(Steinbock-)Menschen an, mit denen Sie in der Regel gut zurechtkommen.

Am besten ergänzen Sie sich mit Angehörigen des Froschklans, dessen Element das Wasser ist: Ohne die Erde als feste Grundlage kann das Wasser nicht fließen, während das Wasser die Erde vor Austrocknung bewahrt. Im praktischen Leben und auf der Gefühlsebene werden die Partnerschaften erfreulich und von Dauer sein. Dem Froschklan gehören die Specht-(Krebs-), Schlange-(Skorpion-) und Puma-(Fische-)Menschen an.

Recht gegensätzlich sind Angehörige des Schmetterlingsklans, dessen Element die Luft ist. Beiden Seiten fehlt es nicht an Intelligenz, und so sind sie durchaus imstande, die unterschiedlichen Standpunkte zu verstehen und zu respektieren; sie können in praktischen Dingen viel voneinander lernen. Zum Schmetterlingsklan gehören die Hirsch-(Zwillinge-), Rabe-(Waage-) und Otter-(Wassermann-)Menschen.

Ähnlich sind sich in vielen Wesenszügen die Angehörigen des Schildkröten- und des Donnervogelklans (Element Feuer). Am

Anfang einer Beziehung mag es zwar Schwierigkeiten geben, weil die solide Stabilität der Erde der dynamischen Beweglichkeit des Feuers zu widersprechen scheint, aber wenn erst einmal beide Seiten erkannt haben, dass das Feuer die Erde belebt und andererseits die Erde dem Feuer eine feste Grundlage gibt, werden beide von einer solchen Partnerschaft viel profitieren. Zum Donnervogelklan gehören die Roter-Habicht-(Widder-), Stör-(Löwe-) und Wapiti-(Schütze-)Menschen.

Sie sind ein Hirsch-Mensch (21.05.-20.06.)

Geboren sind Sie unter dem Mond der Maisaussaat, der etwa dem Zeitraum unseres Tierkreiszeichens Zwillinge entspricht. Mit dem Tierkreiszeichen Stier überschneidet er sich nur an einem Tag, dem 21. Mai. Ihr Totem im Tierreich ist der Hirsch, Ihr Totem im Pflanzenreich die Schafgarbe, Ihr Totem im Mineralreich der Moosachat, Ihre Symbolfarben sind Weiß und Grün.

Der Hirsch-Mensch ist ungemein wendig, vielseitig interessiert und empfindsam. Er kann sich interessant und anschaulich ausdrücken, springt allerdings rasch von einer Sache zur anderen. Wechselhaft ist meist auch seine Gefühlswelt, was sich in schwankenden Stimmungen und Launen äußert. Andererseits kennt er dadurch die ganze Gefühlsvielfalt seiner Mitmenschen und bringt ihren Nöten und Problemen Verständnis entgegen.

Bekannte und Freunde hat der Hirsch-Mensch wegen seines offenen, verständnisvollen Wesens viele, doch in engen Partnerschaften kann die Flatterhaftigkeit Probleme schaffen. Der Hirsch-Mensch ist zwar nicht treulos, aber er verliert rasch das Interesse, wenn er vom Partner nicht ständig neue Anregungen erhält.

Dauerhaft ist die Verbindung nur, wenn der Partner seinerseits dynamisch, aber auch sehr tolerant ist.

Obwohl der Hirsch-Mensch das Herz auf der Zunge zu haben scheint, hält er die Tiefen seiner Seele verschlossen, offenbart sich anderen nur selten. Das kann sich zu einer regelrechten Blockierung der Gefühlswelt steigern, stabilisierende Einflüsse von Umwelt und Mitmenschen können diese Gefahr vermeiden.

Partnerschaften

Sie gehören dem Elementeklan der Schmetterlinge an, deren Element die Luft ist. Andere Angehörige dieses Klans sind die Rabe-(Waage-) und die Otter-(Wassermann-)Menschen, mit denen Sie in der Regel gut zurechtkommen, da Ihnen viele grundlegende Wesenszüge gemeinsam sind.

Am besten ergänzen Sie sich mit Angehörigen des Donnervogelklans, dessen Element das Feuer ist: Das Feuer braucht die Luft zum Brennen, und ohne Feuer wäre die Luft kalt und lebensfeindlich. Eine Partnerschaft wird oft recht stürmisch verlaufen, da beide Seiten aktiv, selbstbewusst und eigenwillig sind. Dem Donnervogelklan gehören Roter-Habicht-(Widder), Stör-(Löwe-) und Wapiti-(Schütze-)Menschen an.

Recht gegensätzlich sind Angehörige des Schildkrötenklans, dessen Element die Erde ist. Verbindungen zwischen Vertretern der beiden Klans können aber durchaus von gegenseitigem Vorteil sein, wenn die Anpassungsschwierigkeiten überwunden sind. Beiden Seiten fehlt es nicht an Intelligenz und Einsicht, so dass sie die unterschiedlichen Standpunkte verstehen und respektieren können. Zum Schildkrötenklan gehören die Biber-(Stier-), Braunbär-(Jungfrau-) und Schneegans-(Steinbock-)Menschen.

Froschklan-Menschen schließlich können auf Vertreter des Schmetterlingsklans eine stabilisierende Wirkung ausüben, weil sie ihre Energien in einem konstanten Fluss und nicht in sprunghaften Schüben verströmen und mehr Ausdauer, Geduld und Beständigkeit an den Tag legen. Zum Froschklan gehören die Specht-(Krebs-), die Schlange-(Skorpion-) und die Puma-(Fische-)Menschen.

Mein keltisches (Baum-)Horoskop

Nicht Tierkreiszeichen oder Tiere, sondern Bäume sind die Symbole der keltischen Astrologie. Deren Systematik beruht auf den beiden heiligen Zahlen der Kelten, der Drei und der Sieben: Einundzwanzig Bäume gliedern den Jahreslauf.

21.04. bis 30.04.
Ihr Baum ist der *Nussbaum*. Er symbolisiert Ehrgeiz, Autorität, Intelligenz, Unbeugsamkeit und mangelnde Flexibilität. Mit seinen zahlreichen Widersprüchen steckt er voller Überraschungen. Das bedeutet für Sie: Sie haben viele positive Anlagen, die aber ins Negative übersteigert sein können. So kann aus Ehrgeiz rücksichtslose Ichbezogenheit, aus Geradlinigkeit verknöcherte Starre oder aus Tatkraft blinder Aktivismus werden. Dennoch planen Sie in der Regel weitsichtig und überlegt und sind darauf bedacht, für Ihren Aufstieg ein sicheres Fundament zu legen. Fleiß und Strebsamkeit, gepaart mit Klugheit und Realismus, können Sie weit bringen. In einer engen Beziehung sind Sie ein interessanter, attraktiver und leidenschaftlicher Partner, sollten sich aber vor übertrieben besitzergreifender Eifersucht hüten. Sie sind fürsorglich und treu, doch kann das Zusammensein mit Ihnen immer wieder Überraschungen und Aufregungen bringen.

01.05. bis 14.05.
Ihr Baum ist die *Pappel*. Sie symbolisiert Ernst und Einsamkeit, Ungewissheit und Empfindlichkeit, Kunstsinn und Selbstständigkeit sowie ein außergewöhnliches Organisationstalent in praktischen Belangen. Übertrieben hohe Ansprüche können zu Unzufriedenheit führen. Das bedeutet für Sie: Sie sind sich zwar Ihres Wertes durchaus bewusst, wirken aber nach außen dennoch oft unsicher und labil. Durch widrige Umstände lassen Sie sich leicht übermäßig bedrücken und nehmen dann häufig Unwichtiges allzu ernst. Da Sie wählerisch sind und auf Ihre Eigenständigkeit pochen, kann Vereinsamung die Folge sein. Einen Ausgleich für

mangelnde zwischenmenschliche Kontakte finden Sie nicht selten durch künstlerisches Schaffen. Übertriebene Erwartungen können zu Enttäuschungen führen, die Sie um so schwerer treffen als Sie seelisch sehr »dünnhäutig« sind. In engen zwischenmenschlichen Beziehungen verwandeln Sie sich häufig zu Ihrem Vorteil und sind ein außerordentlich zuverlässiger Partner, der für Freundlichkeit und Zuwendung sehr dankbar ist.

15.05. bis 21.05.
Ihr Baum ist die *Kastanie*. Sie symbolisiert Zurückhaltung, Diplomatie, Gerechtigkeitsgefühl und Idealismus, aber auch Einsamkeit, mangelndes Selbstvertrauen und übertriebene Empfindlichkeit. Das bedeutet für Sie: Für den sozialen und beruflichen Aufstieg haben Sie viele gute Voraussetzungen – einen wendigen Geist, Wirklichkeitssinn, Begeisterungsfähigkeit, Verhandlungsgeschick und Beständigkeit. Ankämpfen müssen Sie gegen innere Unsicherheit und mangelndes Selbstvertrauen, die Sie manchmal durch übertrieben forsches Auftreten zu überspielen versuchen, die Sie aber auch reizbar und launisch machen können. Es kann lange dauern, bis Sie eine enge Zweierbeziehung eingehen, denn flüchtige Abenteuer liegen Ihnen nicht. Wenn Sie sich gebunden haben, sind Sie ein außergewöhnlich treuer und fürsorglicher Partner, dem das Wohl des anderen sehr am Herzen liegt und der sich für ihn mit viel Liebe und all seiner Kraft einsetzt. Hüten Sie sich jedoch vor allzu besitzergreifender Eifersucht, die Ihnen und dem Partner das Leben schwer machen könnte.

Weltzeitalter, Jahresplaneten, Symbolbezüge

Infolge der Kreiselbewegung der Erdachse (Präzession) wandert der Frühlingspunkt, also der Schnittpunkt von Himmelsäquator und Ekliptik, in rund 2100 Jahren um jeweils ein Sternbild auf dem Tierkreis zurück. An der Spitze des Sternbilds Widder lag der Frühlingspunkt vor rund 4000 Jahren; um die Zeitenwende wanderte er in das Sternbild Fische zurück, und inzwischen ist er im Sternbild Wassermann angelangt. Von den Sternbildern zu unterscheiden sind die gleichnamigen Tierkreiszeichen: Bei diesen handelt es sich um Abschnitte eines auf den Frühlingspunkt ausgerichteten astrologischen Bezugssystems, das durch die Wanderung dieses Punktes nicht verändert wird.

Die Zeitdauer einer vollen Erdachsenumdrehung (rund 25000 Jahre) bezeichnet man als »platonisches Jahr«. Dieses gliedert sich in zwölf jeweils etwa 2100 Jahre umfassende »Weltmonate« (auch Weltzeitalter genannt), die nach alter astrologischer Tradition durch die Wirkqualitäten des Tierkreisabschnitts bestimmt werden, der vom Frühlingspunkt im jeweiligen Zeitraum durchlaufen wird. Eine zusätzliche Prägekraft schrieb man dem im Tierkreis gegenüberliegenden Abschnitt zu, so dass also jeweils zwei polare Tierkreiszeichen wirksam sind.

Wir stehen heute an der Schwelle des Wassermann-Zeitalters, das durch das Tierkreiszeichen Wassermann und den ihm zugeordneten Planeten Uranus gekennzeichnet sein wird. Beide symbolisieren revolutionäre Umbrüche, eine gesteigerte Verbundenheit mit dem All, aber auch eine Verdichtung der Beziehungen innerhalb der Menschheit. Dass die atemberaubende Entwicklung von Wissenschaft und Technik grundlegende Veränderungen (Nutzung der Atomkraft, Computer, Raumfahrt) eingeleitet hat, ist offenkundig. Nachrichten- und Verkehrstechnik haben die Erde gleichsam schrumpfen lassen, haben die Menschen aller Kontinente einander so nahe gebracht wie nie zuvor. Noch ist nicht abzusehen, wohin diese Entwicklung führen wird, ob sie der Menschheit zum Fluch oder zum Segen gereicht.

Etwa von der Zeitwende bis in unsere Tage dauert das *Zeitalter der Fische*. Das welthistorisch bedeutsamste Ereignis dieses Abschnitts war die Entstehung und Entfaltung des Christentums, dessen frühes Symbol die Fische waren. Der Einfluss des polaren Tierkreiszeichens Jungfrau zeigt sich in den Grundzügen der christlichen Religion (Demut, Nächstenliebe usw.), aber auch im Marienkult.

Die beiden Jahrtausende vor der Zeitwende, das *Zeitalter des Widders*, standen unter dem Einfluss des Mars. Große Völkerkriege ließen mächtige Reiche untergehen und führten das Griechenheer Alexander des Großen bis nach Italien. Der polare Waage-Einfluss zeigt sich in den herrlichen Kunstschöpfungen dieser Zeit. Der Widder spielte in manchen Religionen des Orients eine bedeutsame Rolle.

Das 3. und 4. vorchristliche Jahrtausend war das *Zeitalter des Stiers*. Erdverbundener Schönheitssinn und praktisches Denken offenbaren sich in der altägyptischen Kultur. Im ganzen Mittelmeerraum spielten Stierkulte eine wichtige Rolle, wie sie uns am eindrucksvollsten aus Kreta überliefert sind. Der polare Skorpion-Einfluss zeigt sich u.a. in den Totenkulten der damaligen Hochkulturen.

Das *Zeitalter der Zwillinge* (um 6000 – 4000 v. Chr.) wird durch gesteigerte geistige und physische Mobilität gekennzeichnet. In diesen Abschnitt fallen die Verbreitung der Schrift und die Entstehung erster Bibliotheken (China, Zweistromland, Ägypten), aber auch die Erfindung des Rades.

Jahresplaneten kennt man schon seit Tausenden von Jahren. Sie wurden zunächst im vorderasiatischen Kulturraum als Anhaltspunkte für die Zeitrechnung eingeführt; da damals das Jahr im Frühling begann, dauert die »Herrschaft« eines Planeten jeweils vom 21. März bis zum 20. März des Folgejahres. Erst später schrieb man den Jahresplaneten auch astrologische Bedeutung zu und begann, sie in die Deutung von Individualhoroskopen und bei der astrologischen Wettervorhersage einzubeziehen.

Die moderne Astrologie ist davon wieder abgekommen, aber für Interessierte wollen wir mit zwei Übersichten kurz darauf eingehen.

Die Jahresplaneten für das 20. und 21. Jahrhundert

Merkur
1900 1907 1914 1921 1928 1935 1942 1949 1956 1963
1970 1977 1984 1991 1998 2005 2012 2019 2026 2033

Mond
1901 1908 1915 1922 1929 1936 1943 1950 1957 1964
1971 1978 1985 1992 1999 2006 2013 2020 2027 2034

Saturn
1902 1909 1916 1923 1930 1937 1944 1951 1958 1965
1972 1979 1986 1993 2000 2007 2014 2021 2028 2035

Jupiter
1903 1910 1917 1924 1931 1938 1945 1952 1959 1966
1973 1980 1987 1994 2001 2008 2015 2022 2029 2036

Mars
1904 1911 1918 1925 1932 1939 1946 1953 1960 1967
1974 1981 1988 1995 2002 2009 2016 2023 2030 2037

Sonne
1905 1912 1919 1926 1933 1940 1947 1954 1961 1968
1975 1982 1989 1996 2003 2010 2017 2024 2031 2038

Venus
1906 1913 1920 1927 1934 1941 1948 1955 1962 1969
1976 1983 1990 1997 2004 2011 2018 2025 2032 2039

»Der Mensch dringt durch den Erdenhimmel in neue Welträume vor.«
Holzschnitt um 1530

Dem Einfluss des Jahresplaneten schrieb man über die individuellen Konstellationen des Geburtshoroskops hinaus folgende zusätzliche Prägekräfte auf das Wesen der in den jeweiligen Jahren Geborenen zu:

Merkur: vielseitig interessiert, kritisch, verstandesbetont, ehrgeizig, redegewandt und reisefreudig.

Mond: unbeständig, wechselvolles Schicksal, Veränderungen in der Lebensmitte, Erfolge im Alter.

Saturn: überlegt, konzentriert, ausdauernd, eigensinnig und verschlossen; langsamer Aufstieg, später Erfolg.

Jupiter: großzügig, lebensfroh, optimistisch, gute Aufstiegschancen.

Mars: dynamisch, energisch, leidenschaftlich, starkes Durchsetzungsvermögen, aber auch voreilig und unbedacht.

Sonne: selbstständig, großzügig, aber auch ichbezogen, eigenwillig und triebhaft.

Venus: begeisterungsfähig, schöpferisch, vielseitig interessiert, lebensfroh; Erfolg oft erst in der zweiten Lebenshälfte.

Noch einmal sei gesagt, dass sich der Einfluss eines Jahresplaneten nicht vom 1. Januar bis zum 31. Dezember, sondern vom 21. März bis zum 20. März des folgenden Jahres erstreckt.

Auf die vielfältigen Symbolbezüge von Tierkreiszeichen und Planeten können wir hier nicht im Einzelnen eingehen. Wir wollen sie nur tabellarisch zusammenfassen, und zwar in folgender Reihenfolge:

Tierkreiszeichen — Planetenherrscher — Farben — Metall — Edelsteine — Zahlen — Wochentag.

Widder: Mars — Rot, Kadmiumgelb — Eisen — Rubin, Jaspis, Granat, Diamant, Amethyst — Neun — Dienstag.

Stier: Venus — Gelb, Pastellblau, Hellgrün — Kupfer — Achat, Smaragd, Saphir, Lapislazuli, Türkis, Karneol — Fünf und Sechs — Freitag.

Zwillinge: Merkur — Violett, Safrangelb — Quecksilber — Topas, Bergkristall, Aquamarin, Goldberyll — Fünf — Mittwoch.

Krebs: Mond — Grün, Silber, Weiß — Silber — Kristall, Smaragd, Opal, Mondstein, Perlen — Zwei und Sieben — Montag.

Löwe: Sonne — Orange, Gold, Gelb — Gold — Rubin, Diamant, Hyazinth, Goldtopas, Tigerauge — Eins und Vier — Sonntag.

Jungfrau: Merkur — Violett, Hellblau, Weiß — Quecksilber —

Jaspis, Achat, Karneol, Topas, Turmalin — Fünf — Mittwoch.

Waage: Venus — Gelb, Pink, Pastelltöne — Kupfer — Diamant, Beryll, Lapislazuli, Türkis, Koralle, Perlen — Fünf und Sechs — Freitag.

Skorpion: Mars — Rot, Braun, Schwarz — Eisen — Topas, Malachit, Jaspis, Rubin, Sardonyx — Neun — Dienstag.

Schütze: Jupiter — Blau, Purpur, warmes Braun — Zinn — dunkelblauer Saphir, Türkis, Amethyst, Lapislazuli, Granat — Drei — Donnerstag.

Steinbock: Saturn — Indigo, Dunkelgrün, Braun, Schwarz — Blei — Onyx, Gagat, Chalzedon, Karneol, Chrysopras, schwarze Perlen — Acht und Fünfzehn — Samstag.

Wassermann: Uranus (früher Saturn) — Indigo, Lila, Violett, irisierende Farben — Blei, Aluminium, Radium — Saphir, Amethyst, Bernstein, Aquamarin, Chalzedon — Acht und Fünfzehn — Samstag.

Fische: Neptun (früher Jupiter) — Blau, Violett, Weiß, schillernde Farben — Platin, Zinn — Chrysolith, Saphir, Topas, Opal, Perlmutt, Kristalle — Drei — Donnerstag.

III.
Mein persönlicher Aszendent

Um Ihren Aszendenten auf dem Ihren Geburtstag betreffenden Schaubild (ab Seite 84) ablesen zu können, müssen Sie Ihre in Mitteleuropäischer Zeit (MEZ) angegebene Geburtszeit zunächst in Weltzeit (WZ) und danach in Ortszeit (OZ) umwandeln. Wenn Sie Ihre genaue Geburtszeit nicht wissen, können Sie sie beim Standesamt Ihres Geburtsortes erfragen.

Einfach ist die Umrechnung von MEZ in Weltzeit: Sie brauchen lediglich von der MEZ eine Stunde abzuziehen. Wenn zum Zeitpunkt Ihrer Geburt die Sommerzeit galt, müssen Sie von Ihrer Geburtszeit zwei Stunden und in den wenigen Zeiträumen mit doppelter Sommerzeit sogar drei Stunden abziehen, um die Weltzeit ermitteln zu können.

Die Ortszeit hängt von der geografischen Länge Ihres Geburtsortes ab. Für jedes Grad östlicher Länge (vom Nullmeridian) müssen Sie zur Weltzeit vier Minuten hinzuzählen. Um Ihnen lange Rechnereien zu ersparen, finden Sie anschließend eine Ortstabelle für den deutschsprachigen Raum, auf der Sie für die wichtigsten Städte die zur Weltzeit zu addierenden Minuten ablesen können. Wenn Ihr Geburtsort in der Tabelle nicht aufgeführt ist, suchen Sie im Atlas eine ungefähr auf dem gleichen Längenkreis liegende Stadt unserer Tabelle und zählen Sie die dort angegebene Zahl von Minuten zu Ihrer in Weltzeit umgerechneten Geburtszeit hinzu.

Ortstabelle für den deutschsprachigen Raum

ORT	Min.	ORT	Min.	ORT	Min.
Aachen	24	Frankfurt/M.	35	Mainz	33
Aarau	32	Frankfurt/O.	58	Mannheim	34
Allenstein	82	Freiburg/Br.	31	Marburg	35
Ansbach	42	Freising	47	Memel	84
Apolda	46	Genf	25	Mülheim/R.	32
Arosa	39	Gera	48	München	46
Aschaffenburg	37	Gießen	35	Münster	31
Augsburg	44	Görlitz	60	Nordhausen	43
Baden-Baden	33	Gotha	43	Nördlingen	42
Bamberg	44	Göttingen	40	Nürnberg	44
Basel	30	Graz	69	Oldenburg	33
Bautzen	58	Hagen	30	Osnabrück	32
Bayreuth	46	Halberstadt	44	Passau	54
Berlin	54	Halle/S.	44	Pirmasens	30
Bern	30	Hamburg	40	Plauen	49
Bielefeld	34	Hannover	39	Regensburg	48
Bochum	29	Heidelberg	35	Rosenheim	48
Bonn	28	Heilbronn	37	Rostock	49
Bozen	45	Helgoland	32	Saarbrücken	28
Brandenburg	50	Hildesheim	40	Salzburg	52
Braunschweig	42	Hof	48	Schleswig	38
Bregenz	39	Ingolstadt	46	Schweinfurt	41
Bremen	35	Innsbruck	46	Schwerin	46
Breslau	68	Jena	46	Speyer	34
Celle	40	Kaiserslautern	31	St. Gallen	38
Cham	34	Karlsruhe	34	Stettin	58
Chemnitz	52	Kassel	38	Steyr	58
Chur	38	Kempten	41	Stralsund	52
Cottbus	57	Kiel	41	Straßburg	31
Danzig	75	Klagenfurt	57	Stuttgart	37
Darmstadt	35	Köln	27	Traunstein	42
Davos	39	Königsberg	82	Trier	27
Dessau	49	Konstanz	37	Ulm	40
Dortmund	30	Krefeld	26	Vaduz	38
Dresden	55	Kufstein	49	Villach	55
Duisburg	27	Lausanne	27	Weimar	45
Düsseldorf	27	Leipzig	50	Wesermünde	34
Eisenach	41	Leoben	60	Wien	66
Emden	29	Lindau	39	Wiesbaden	33
Erfurt	44	Linz	57	Wittenberg	51
Erlangen	44	Lübeck	43	Worms	34
Essen	28	Ludwigshafen	34	Würzburg	40
Esslingen	37	Luxemburg	25	Zürich	34
Feldkirch	38	Luzern	33	Zweibrücken	29
Flensburg	37	Magdeburg	47	Zwickau	50

Ihr Aszendent am 21. April

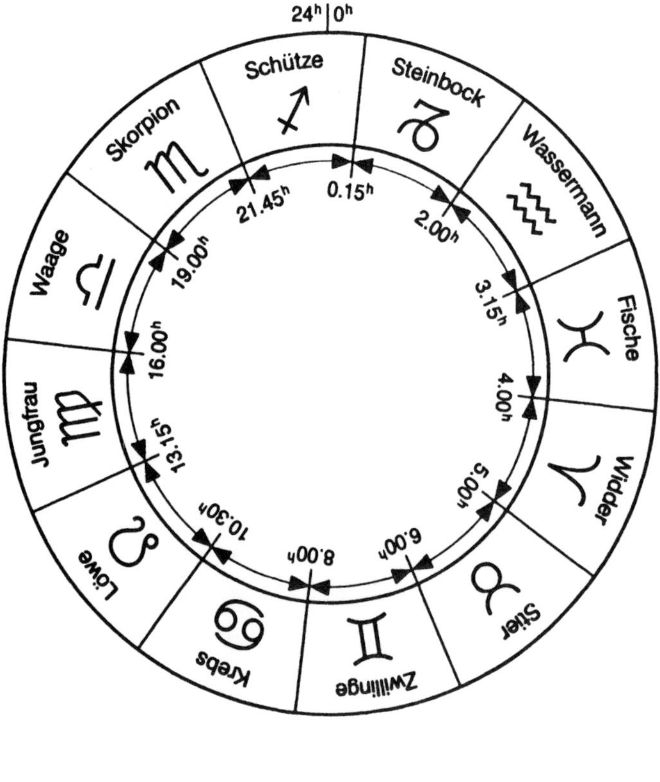

Ihr Aszendent am 22. April

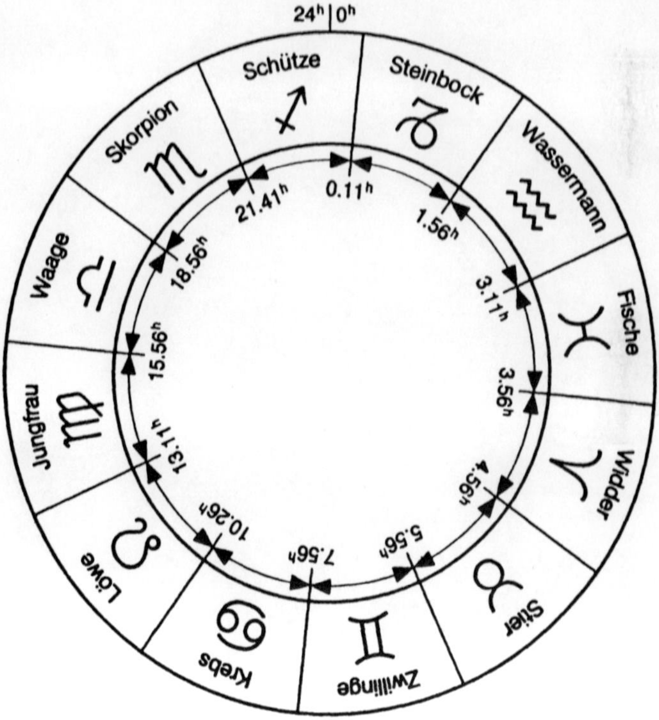

Ihr Aszendent am 23. April

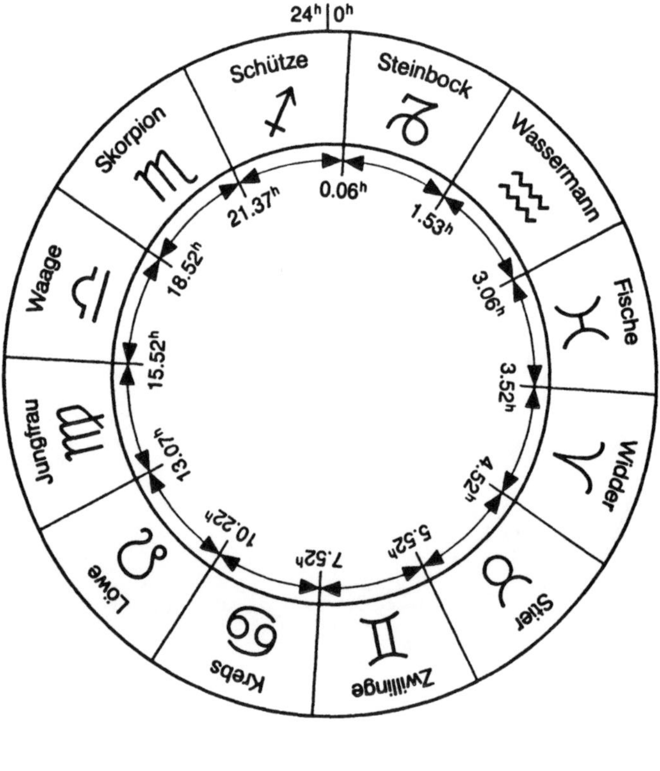

Ihr Aszendent am 24. April

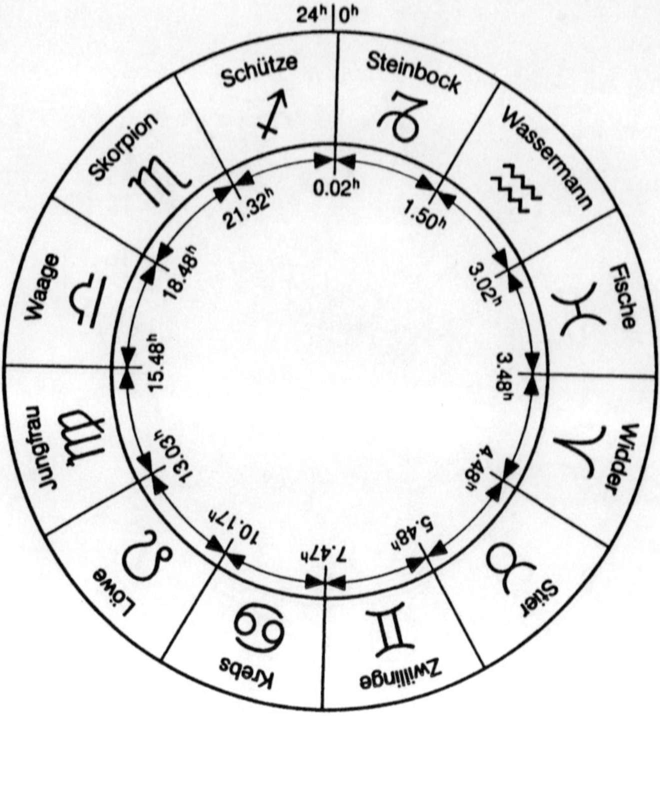

Ihr Aszendent am 25. April

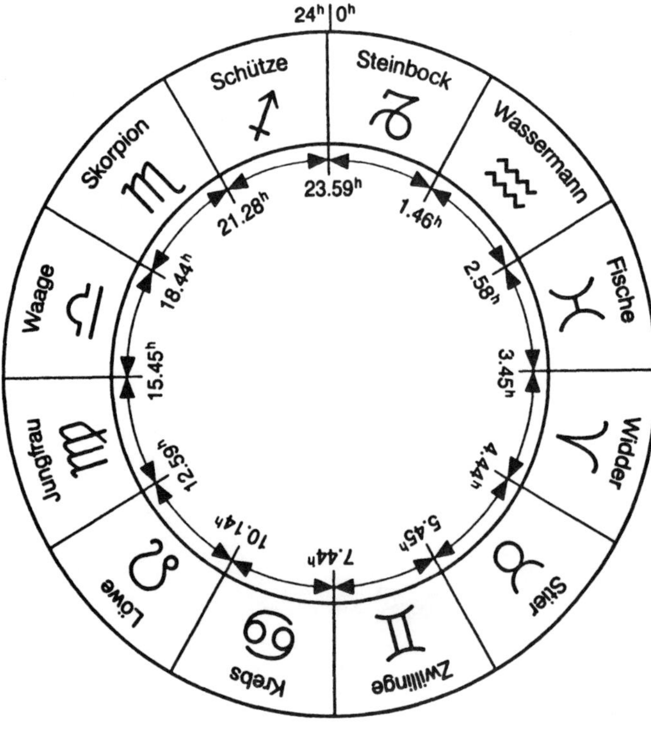

Ihr Aszendent am 26. April

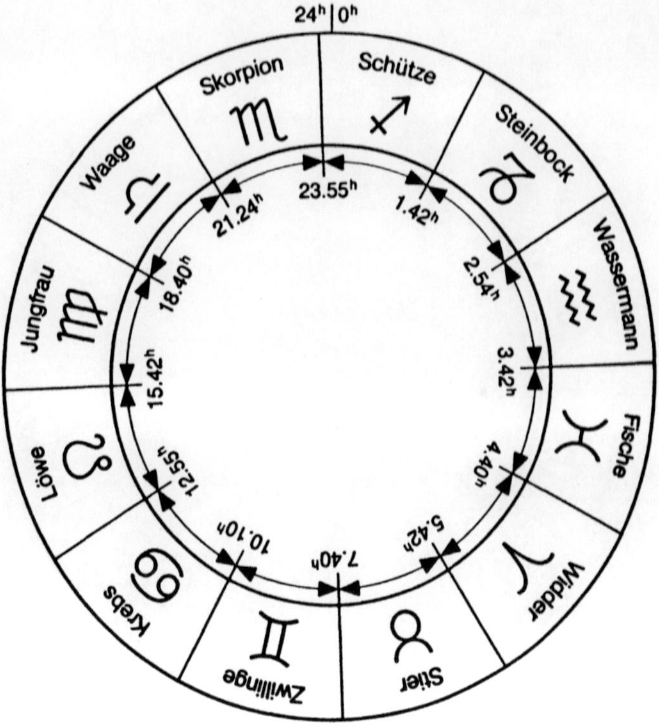

Ihr Aszendent am 27. April

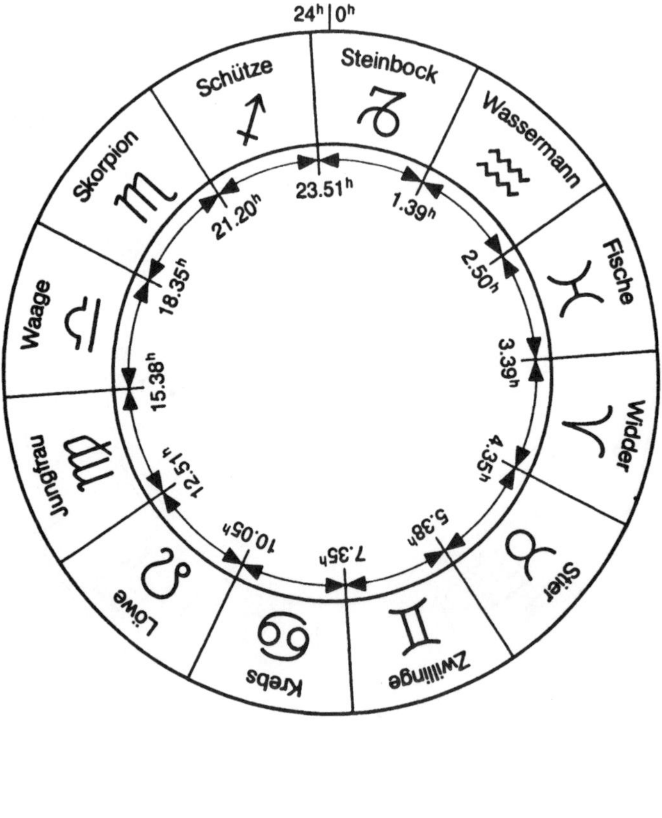

Ihr Aszendent am 28. April

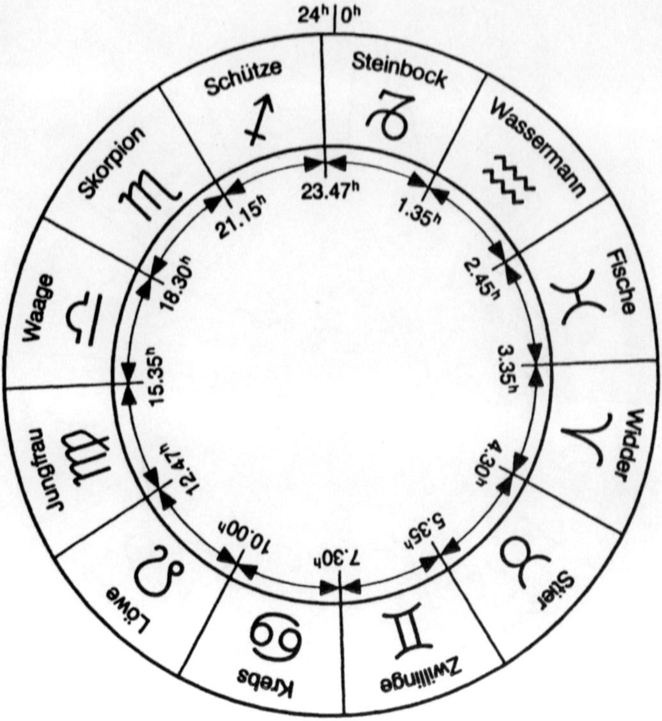

Ihr Aszendent am 29. April

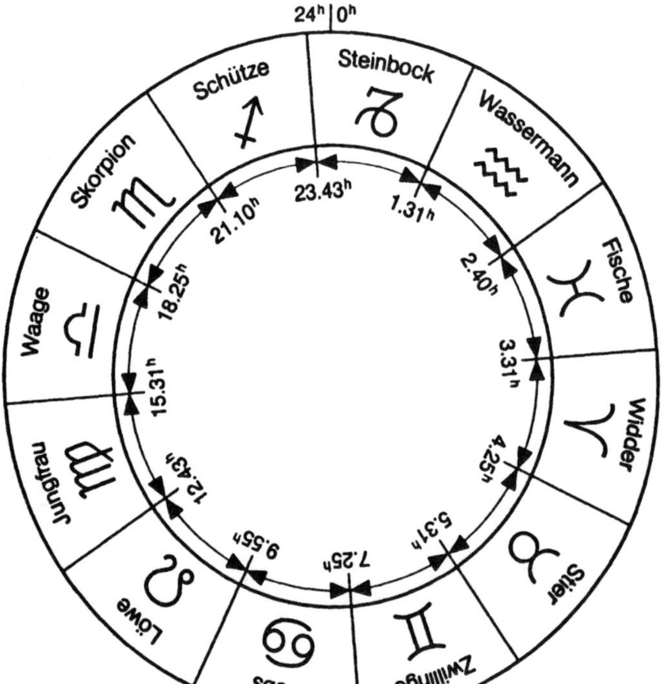

Ihr Aszendent am 30. April

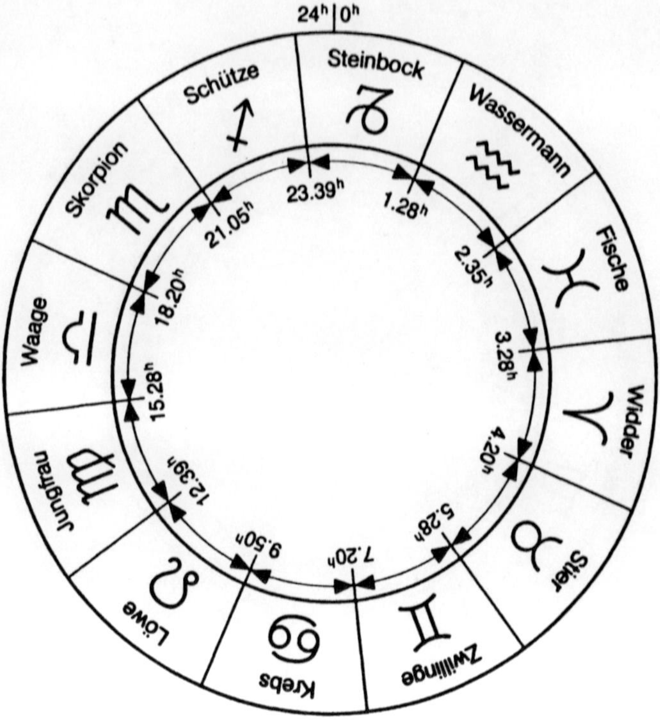

Ihr Aszendent am 1. Mai

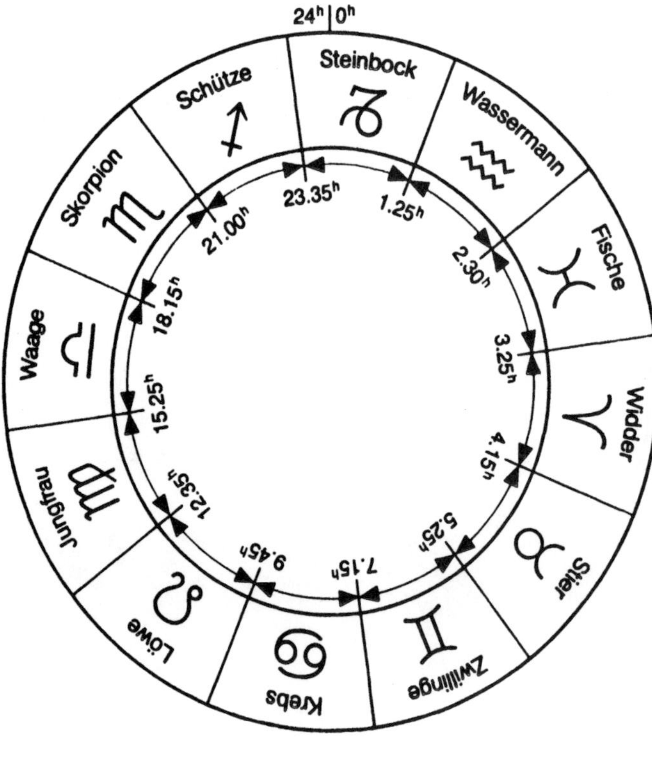

Ihr Aszendent am 2. Mai

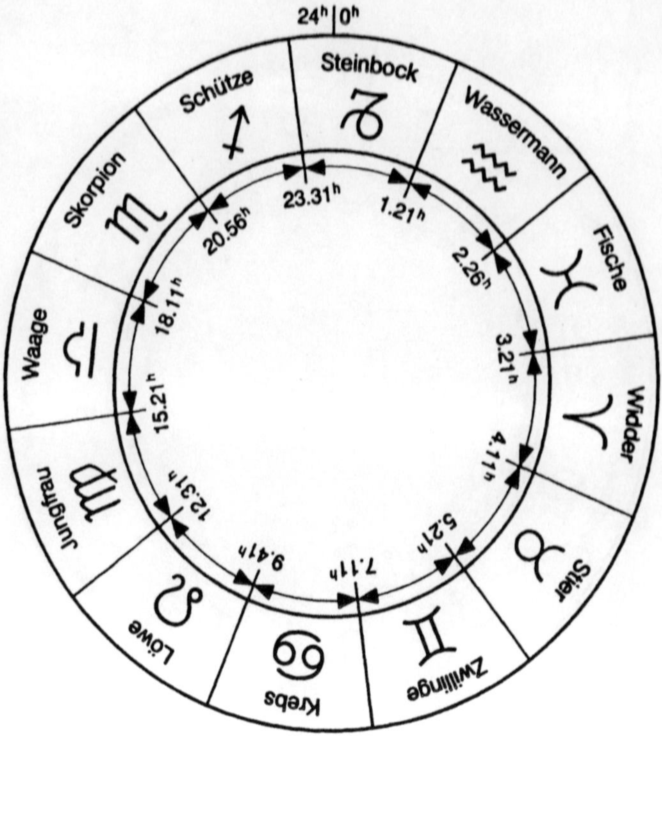

Ihr Aszendent am 3. Mai

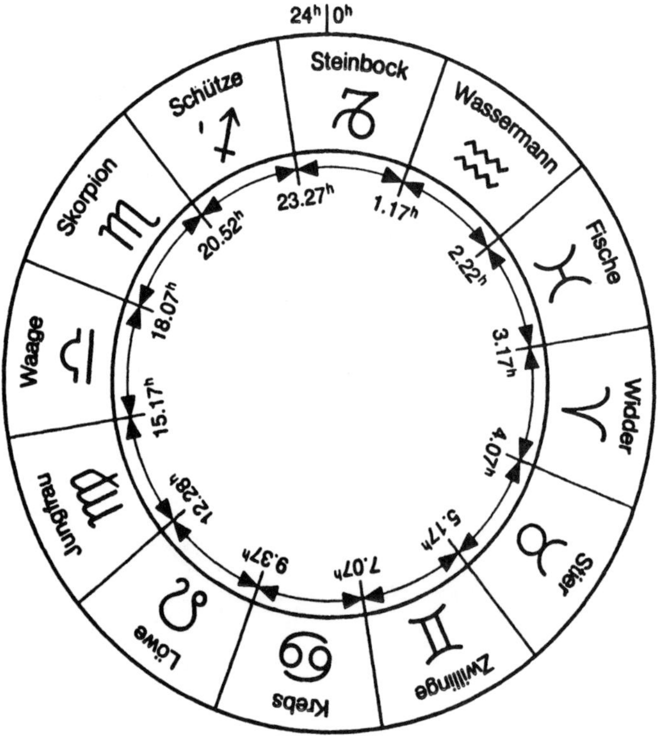

Ihr Aszendent am 4. Mai

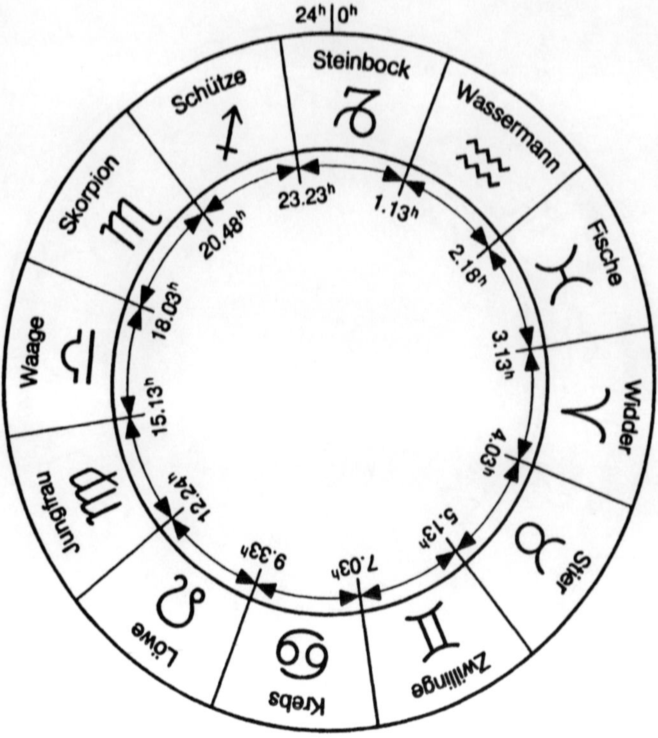

Ihr Aszendent am 5. Mai

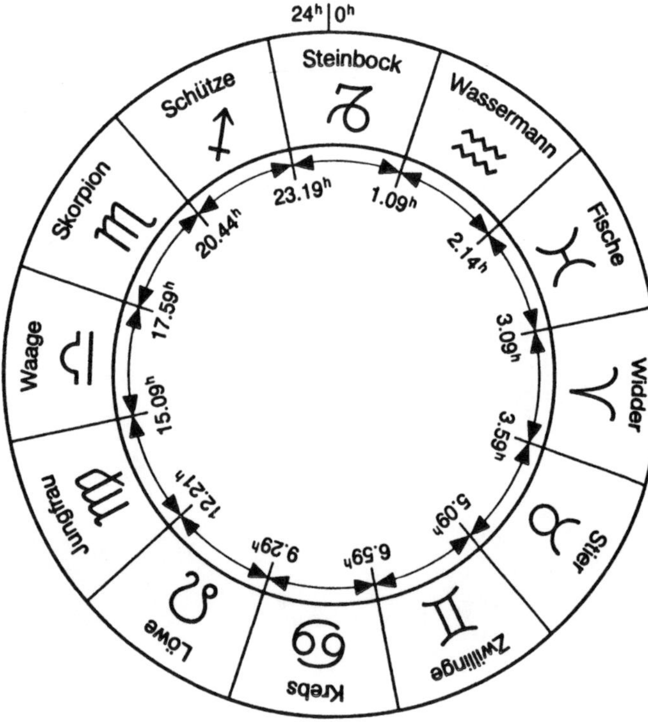

Ihr Aszendent am 6. Mai

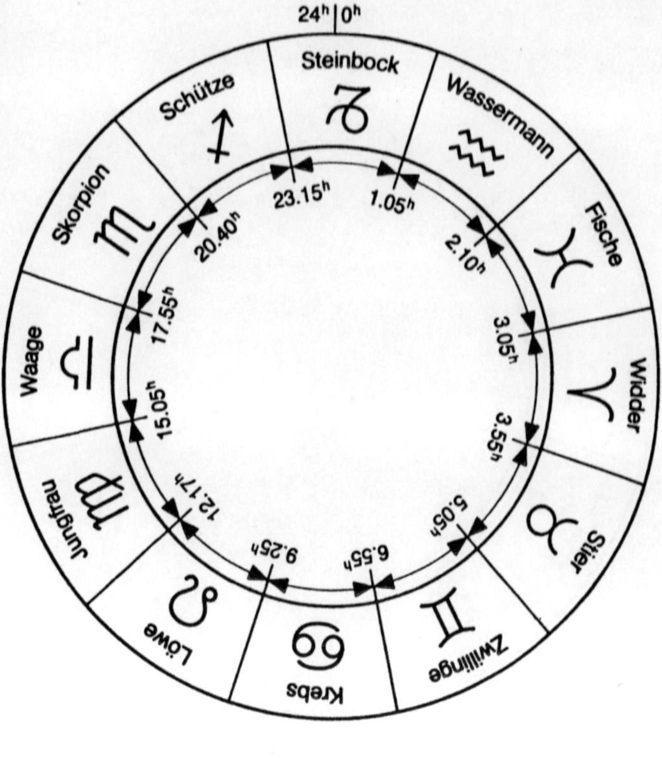

Ihr Aszendent am 7. Mai

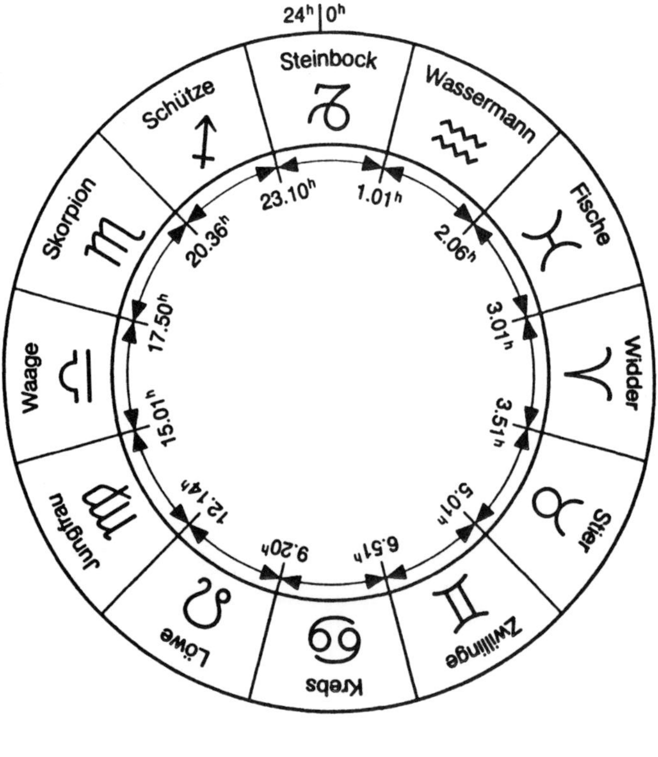

Ihr Aszendent am 8. Mai

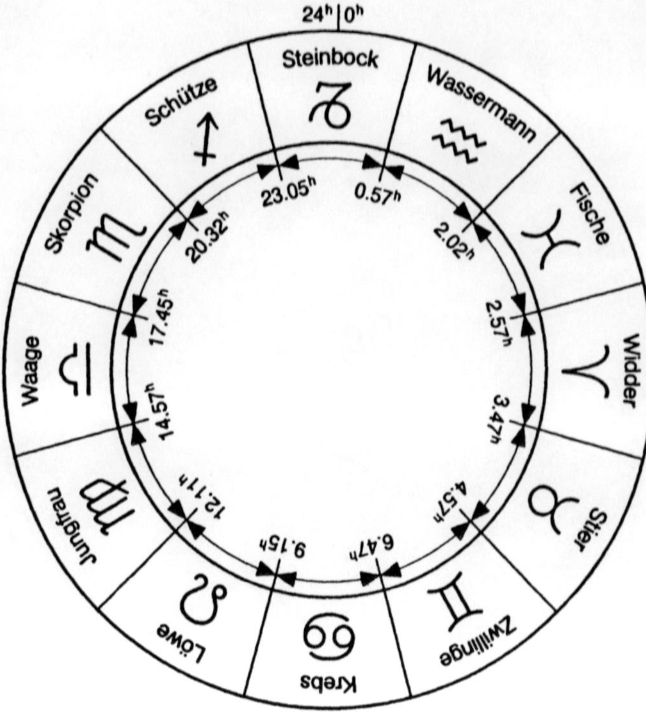

Ihr Aszendent am 9. Mai

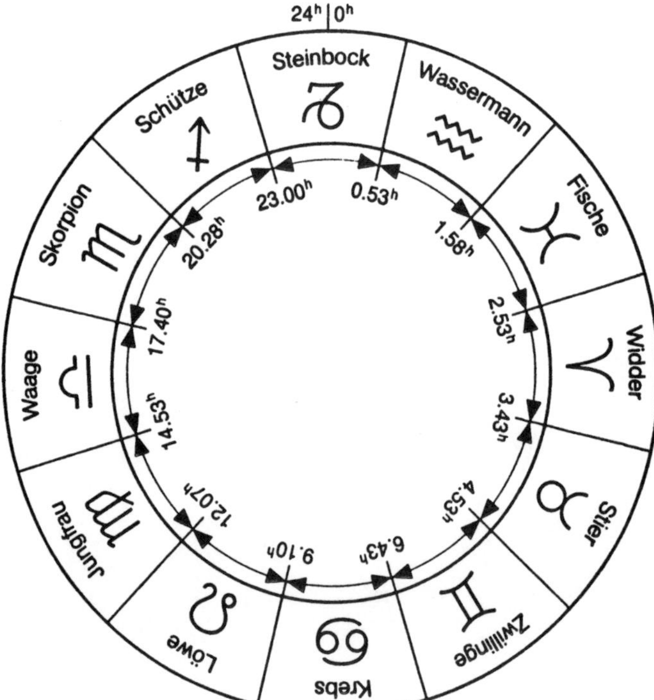

Ihr Aszendent am 10. Mai

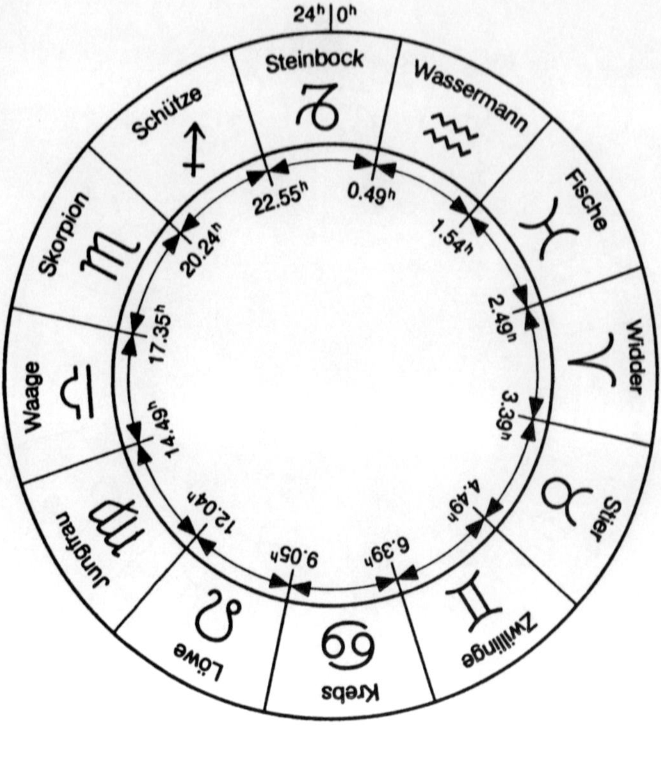

Ihr Aszendent am 11. Mai

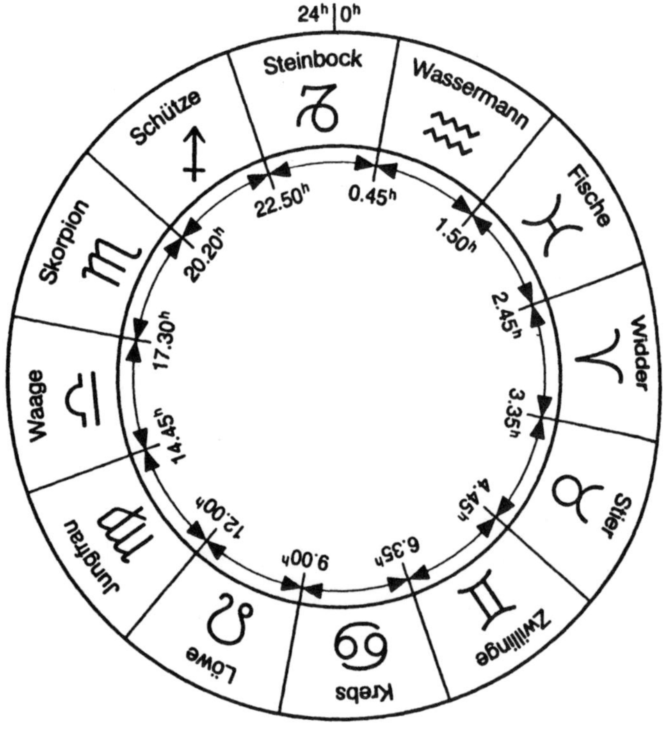

Ihr Aszendent am 12. Mai

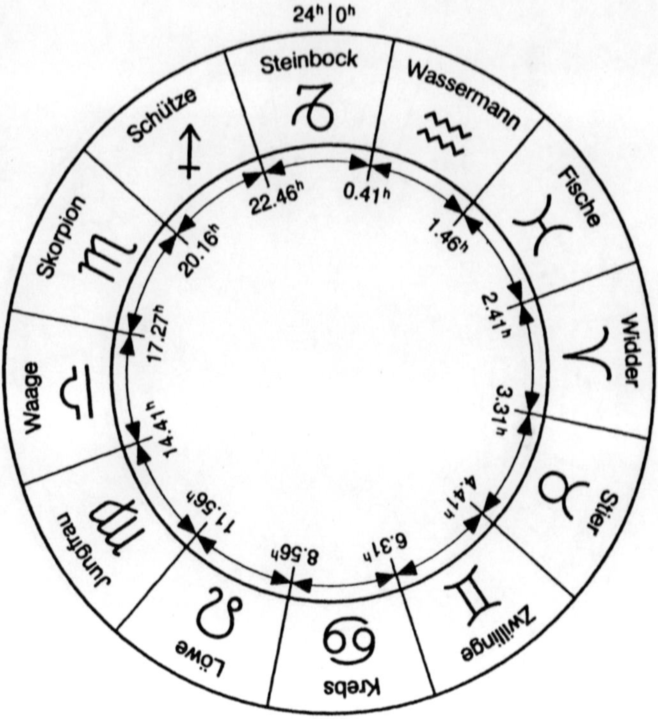

Ihr Aszendent am 13. Mai

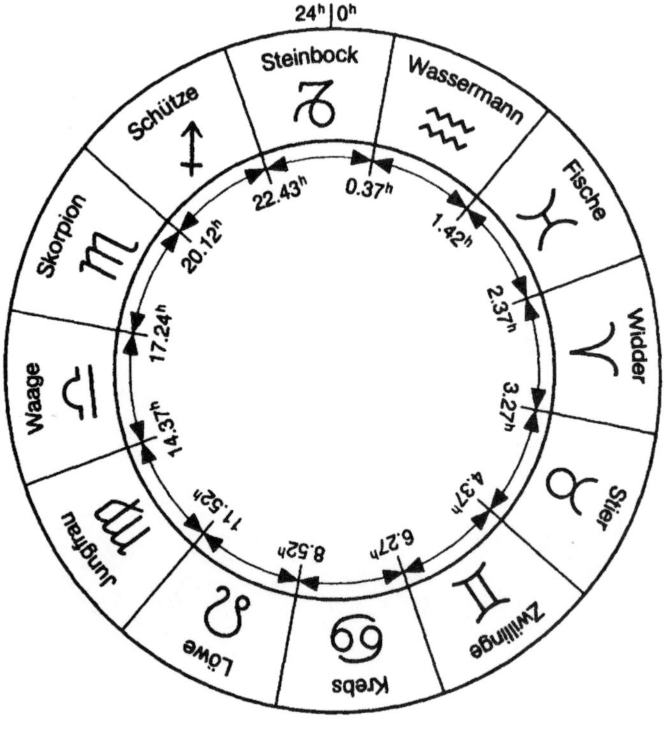

Ihr Aszendent am 14. Mai

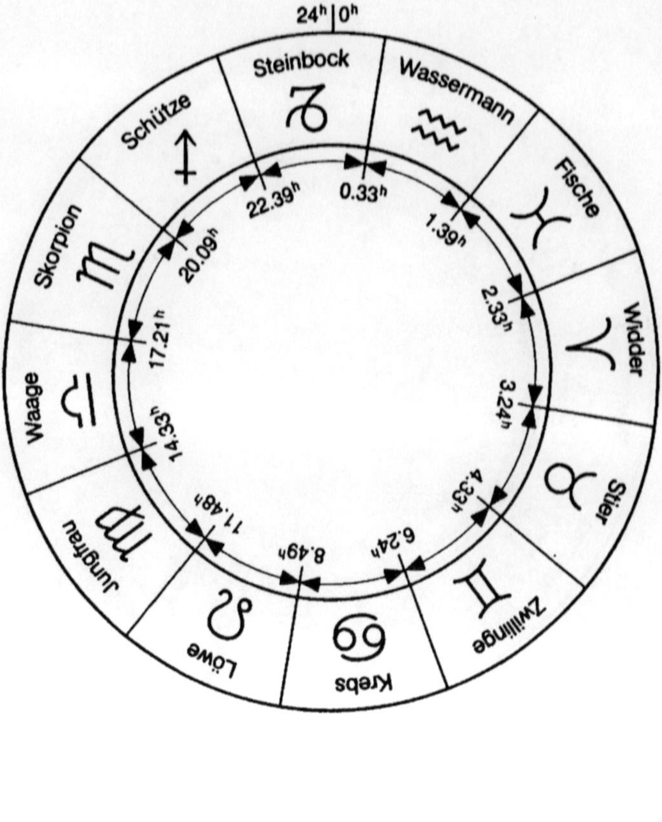

Ihr Aszendent am 15. Mai

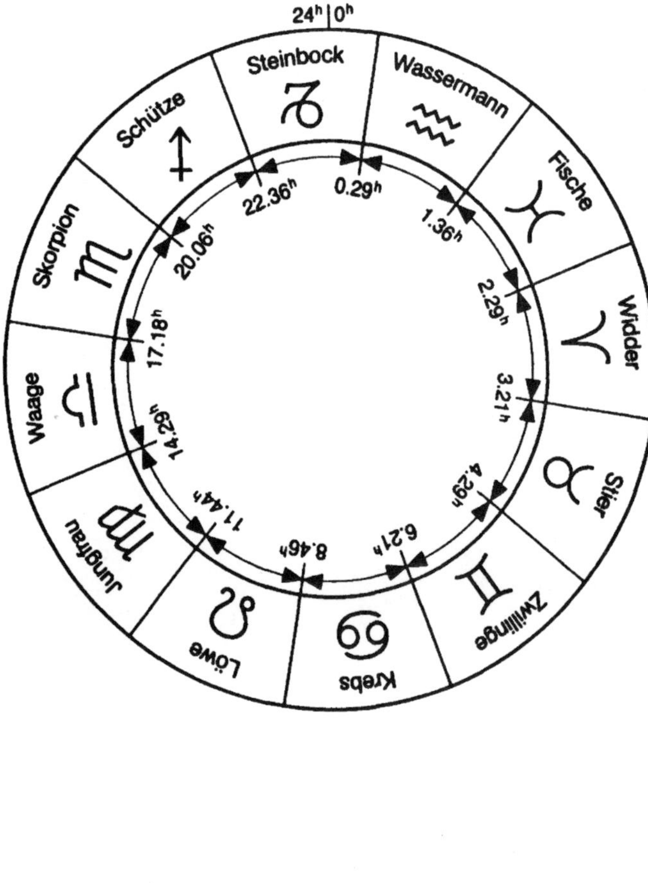

Ihr Aszendent am 16. Mai

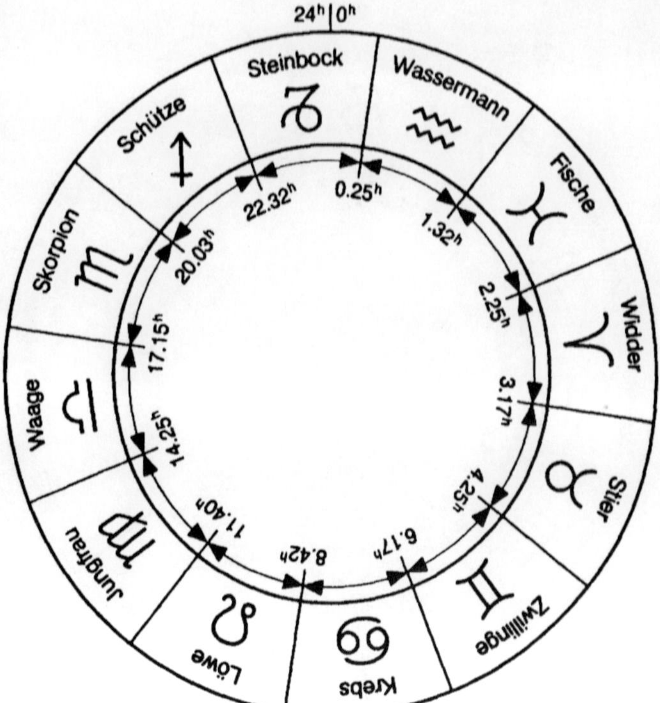

Ihr Aszendent am 17. Mai

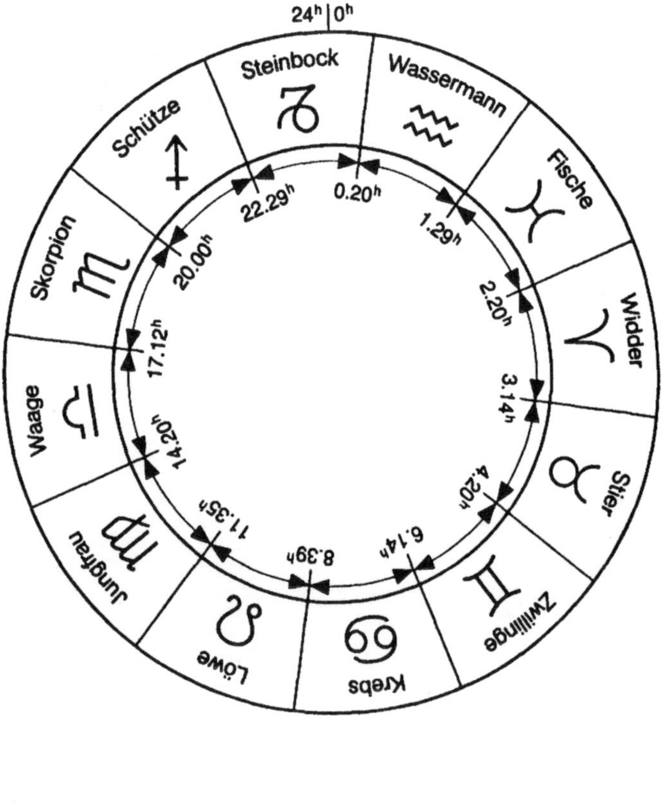

Ihr Aszendent am 18. Mai

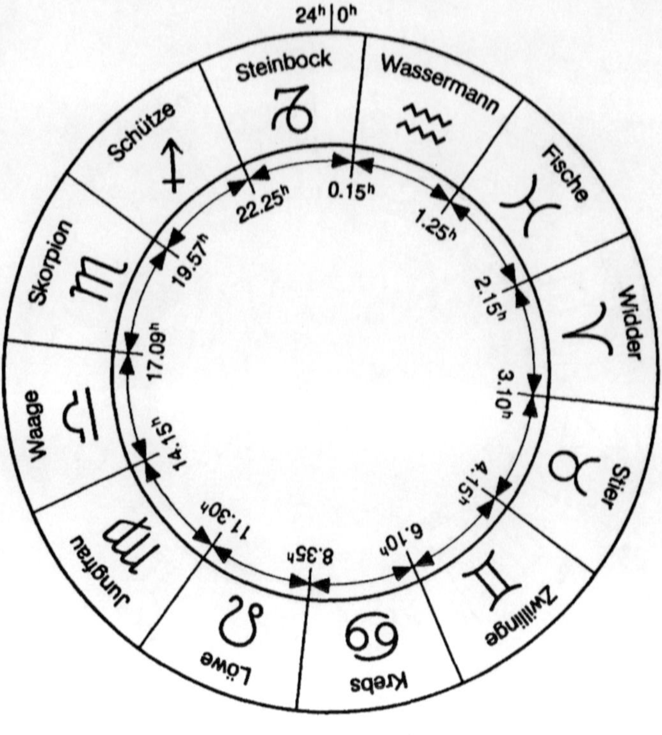

Ihr Aszendent am 19. Mai

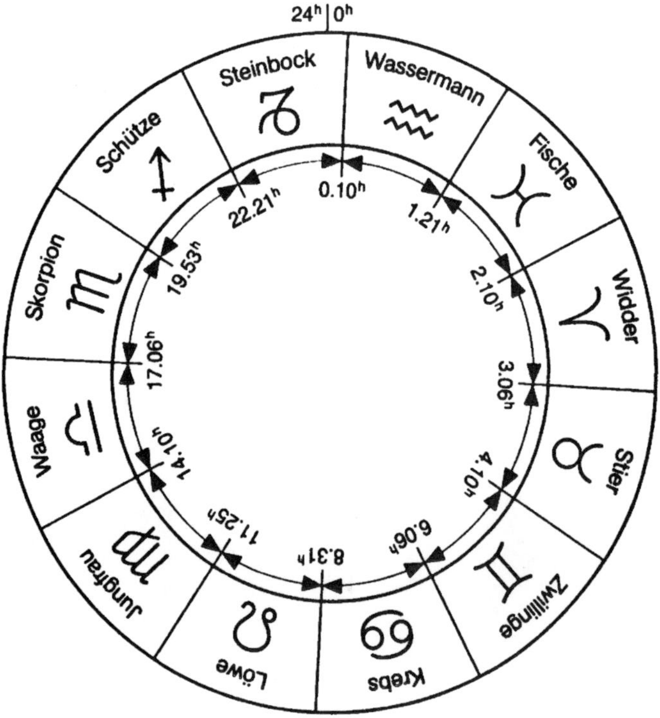

Ihr Aszendent am 20. Mai

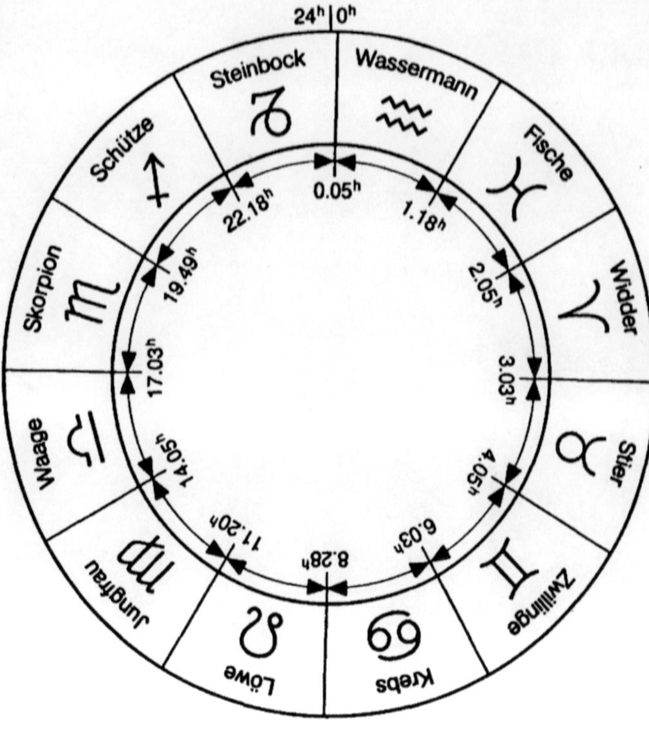

Ihr Aszendent am 21. Mai

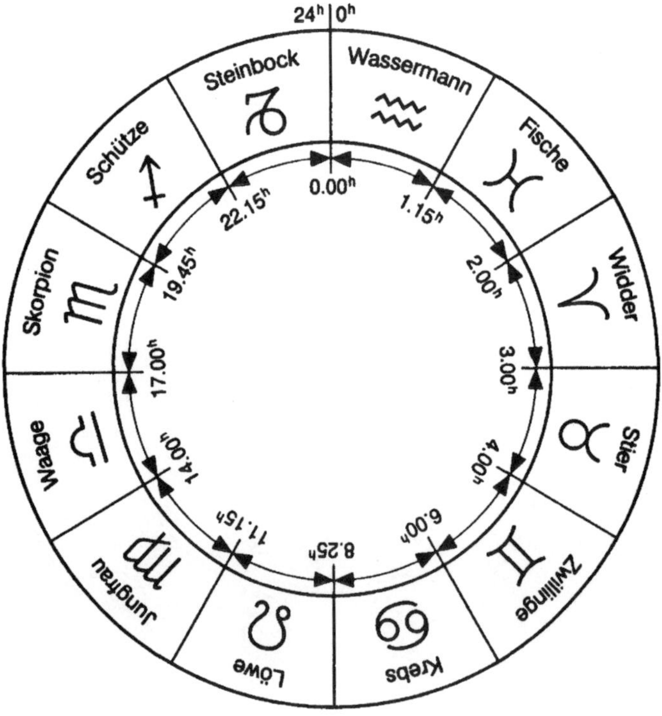

IV.
Wichtige Daten und Ereignisse

Prominente Geburtstagskinder

21. April
Ulrich von Hutten, dt. Humanist und Papstkritiker (1488-1523)
Max Weber, dt. Soziologe (1864-1920)
Anthony Quinn, amerik. Schauspieler (1916)
Elisabeth II., brit. Königin (1926)

22. April
Henry Fielding , brit. Schriftsteller (1707-1754)
Immanuel Kant, dt. Philosoph (1724-1804)
Wladimir Iljitsch Lenin, Staatsmann der UdSSR (1870-1924)
Yehudi Menuhin, amerik.-brit. Violinist (1916)
Jack Nicholson, amerik. Schauspieler (1937)

23. April
William Shakespeare, engl. Dichter und Dramatiker (1564-1616)
William Turner, engl. Maler (1775-1851)
Sergej Prokofiew, russ. Komponist und Pianist (1891-1953)
Max Planck, dt. Physiker (1858-1947)
Vladimir Nabokov, amerik.-russ. Schriftsteller (1899-1977)

24. April
Edmund Cartwright, brit. Erfinder (1743-1823)
Willem de Kooning, niederl.-amerik. Maler (1904-1997)
Bernhard Grzimek, dt. Naturforscher und -schützer (1909-1987)
Shirley MacLaine, amerik. Schauspielerin (1934)

25. April
Oliver Cromwell, engl. Staatsmann (1599-1658)
Wolfgang Pauli, schweiz.-amerik. Physiker (1900-1958)
Ella Fitzgerald, amerik. Jazzsängerin (1918-1996)
Markus Lüperz, dt. Maler (1941)

26. April

Marc Aurel, röm. Kaiser (121-180)
Alfred Krupp, dt. Industriebesitzer (1812-1887)
Ludwig Wittgenstein, österr. Philosoph (1889-1951)
Olga Tschechowa, dt. Schauspielerin (1897-1980)

27. April

Johann Friedrich Freiherr Cotta von Cottendorf, dt. Verleger (1764-1832)
Samuel Morse, amerik. Erfinder (1791-1872)
Wallace Hume Carothers, amerik. Chemiker (1896-1937)
Hans-Joachim Kulenkampff, dt. Quizmaster (1921)

28. April

James Monroe, amerik. Präsident (1758-1831)
Karl Kraus, österr. Publizist (1874-1936)
Erich Salomon, dt. Fotograf (1886-1944)
Horst-Eberhard Richter, dt. Psychoanalytiker (1923)
Yves Klein, frz. Künstler (1928-1962)

29. April

Karl Millöcker, österr. Komponist (1842-1899)
Henri Pioncaré, frz. Mathematiker (1854-1912)
Egon Erwin Kisch, tschech. Journalist (1885-1948)
Duke Ellington, amerik. Jazz- und Swingmusiker (1899-1974)
Walter Kempowski, dt. Schriftsteller (1929)

30. April

Jean Baptiste de La Salle, frz. Pädagoge (1651-1719)
Carl Friedrich Gauß, dt. Mathematiker (1777-1855)
Kaspar Hauser, berühmtes Findelkind (1812-1833)
Jaroslav Hašek, tschech. Schriftsteller (1883-1923)
Ulla Hahn, dt. Schriftstellerin (1946)
Carl XVI. Gustav, schwed. König (1946)

1. Mai

Joseph Addison, engl. Staatsmann (1672-1719)
Giovanni Guareschi, ital. Schriftsteller (1908-1968)
Hanns Martin Schleyer, dt. Industrieller (1915-1977)
Gary Bertini, israel. Dirigent u. Komponist (1925)
Ralf Dahrendorf, dt. Politiker und Soziologe (1929)

2. Mai

Katharina II. (die Große), russ. Kaiserin (1729-1796)
Novalis (eigtl. Georg Philipp Friedrich Freiherr von Hardenberg), dt. Dichter u. Schriftsteller (1772-1801)
Gottfried Benn, dt. Dichter (1886-1956)
Manfred v. Richthofen, dt. Fliegerass (1892-1918)
Axel Caesar Springer, dt. Verleger (1912-1985)

3. Mai

Niccolò Machiavelli, ital. Schriftsteller (1469-1527)
Matthäus Daniel Pöppelmann, dt. Architekt (1662-1736)
August von Kotzebue, dt. Dichter (1761-1819)
Golda Meir (eigentl. G. Meyersohn), israel. Politikerin (1898-1978)
»Sugar« Ray Robinson, amerik. Boxer (1920-1984)

4. Mai

Friedrich Arnold Brockhaus, dt. Verleger (1772-1823)
Hosni Mohammed Mubarak, ägyptisch. Politiker (1928-1981)
Audrey Hepburn amerik. Schauspielerin (1929-1993)
Amos Oz, israel. Schriftsteller (1939)

5. Mai

Søren Kierkegaard, dän. Philosoph, (1813-1855)
Karl Marx, dt. Gesellschaftskritiker (1818-1883)
Pietro Gasparri, katholischer Theologe aus Italien (1852-1934)
Tyrone Power, amerik. Schauspieler (1913-1958)

6. Mai

Maximilien de Robespierre, frz. Revolutionsführer (1758-1794)
Sigmund Freud, österr. Psychoanalytiker (1856-1939)
Christian Morgenstern, dt. Schriftsteller (1871-1914)
Rudolph Valentino, amerik. Schauspieler (1895-1926)
Orson Welles, amerik. Regisseur (1915-1985)

7. Mai

David Hume, engl. Philosoph (1711-1776)
Johannes Brahms, dt. Komponist (1833-1897)
Peter Tschaikowski, russ. Komponist (1840-1893)
Gary Cooper, amerik. Schauspieler, (1901-1961)
Evita Perón, argentin. Politikerin (1919-1952)

8. Mai

Harry S. Truman, amerik. Politiker (1884-1972)
Fernandel, frz. Komiker (1903-1971)
Keith Jarrett, amerik. Jazzmusiker (1945)
Roberto Rossellini, ital. Filmregisseur (1906-1977)
Gertrud Fussenegger, österr. Autorin (1912)

9. Mai

Adam Opel, dt. Industrieller (1837-1895)
Howard Cater, brit. Archäologe (1873-1939)
José Ortega y Gasset, span. Philosoph (1883-1955)
Sophie Scholl, dt. Widerstandskämpferin (1921-1943)
Albert Finney, brit. Schauspieler (1936)

10. Mai

Johann Peter Hebel, dt. Dichter (1760-1826)
James Gordon Bennett, amerik. Verleger (1841-1918)
Marcel Mauss, frz. Anthropologe (1872-1950)
Gustav Stresemann, dt. Politiker (1878-1929)
Fred Astaire, amerik. Tänzer und Schauspieler (1899-1987)

11. Mai

Karl Friedrich Freiherr von Münchhausen, dt. Offizier (1720-1797)
Salvador Dalí, span. Maler (1904-1989)
Rose Ausländer, dt. Dichterin (1907-1988)
Marco Ferreri, ital. Regisseur (1928)
Camillo José Cela, span. Schriftsteller (1916)

12. Mai

Justus von Liebig, dt. Chemiker (1803-1873)
Helene Weigel, dt. Schauspielerin (1900-1971)
Fritz Kortner, österr. Schauspieler und Regisseur (1882-1970)
Joseph Beuys, dt. Künstler (1921-1986)
Klaus Doldinger, dt. Komponist und Saxophonist (1936)

13. Mai

Maria Theresia, röm.-dt. Kaiserin (1717-1780)
Reinhard Mannesmann, dt. Industrieller (1856-1922)
Erik Wolf, dt. Rechtshistoriker (1902-1977)
Daphne du Maurier, brit. Autorin (1907-1989)
Senta Berger, österr. Schauspielerin (1941)

14. Mai

Kurt Eisner, dt. Politiker und Journalist (1867-1919)
Claude Dornier, dt. Flugzeugbauer (1884-1969)
Sidney Bechet, amerik. Jazzmusiker (1897-1959)
Otto Klemperer, dt. Dirigent (1885-1973)
Ernst Holstein, dt. Mediziner (1901)

15. Mai

Klemens Wenzel Lothar Metternich, österr. Fürst (1803-1859)
Pierre Curie, frz. Physiker (1859-1906)
Arthur Schnitzler, österr. Schriftsteller (1862-1931)
Max Frisch, schweiz. Schriftsteller (1911-1991)

16. Mai
Richard Tauber, österr. Sänger (1891-1948)
Henry Fonda, amerik. Schauspieler (1905-1982)
Giesela Uhlen, dt. Schauspielerin (1919)
Karl Lehmann, dt. kathol. Theologe (1936)

17. Mai
Sebastian Kneipp, dt. Naturheilkundler (1821-1897)
August Thyssen, dt. Industrieller (1842-1926)
Werner Egk, dt. Opernkomponist (1901-1983)
Jean Gabin, frz. Schauspieler (1904-1976)

18. Mai
Vincent du Vigneaud, amerik. Biochemiker (1901-1978)
Bertrand Russell, brit. Philosoph (1872-1970)
Johannes Paul II., Papst (1920)
Justus Frantz, dt. Pianist (1944)

19. Mai
Johann Gottlieb Fichte, dt. Philosoph (1762-1814)
Ho Chi Minh, vietnam. Politiker (1890-1969)
Frank Capra, amerik. Regisseur (1897-1991)
Malcolm X (eigentl. Little), amerik. Bürgerrechtler (1925-1965)
Peter Zadek, dt. Regisseur (1926)

20. Mai
Honoré de Balzac, frz. Autor (1799-1850)
John Stuart Mill, engl. Philosoph (1806-1873)
Max Euwe, niederl. Schachweltmeister (1901-1981)
Moshe Dayan, israel. Politiker (1915-1981)

21. Mai
Albrecht Dürer, dt. Maler (1471-1528)
Alexander Pope, engl. Dichter (1688-1744)
Andrej Sacharow, sowjet. Bürgerrechtler (1921-1989)

Ereignisse, die Geschichte machten

21. April

753 v. Chr. Rom kroch aus dem Ei: vermutlich ist dies das Gründungsdatum der späteren Weltstadt.

1519 Der spanische Eroberer Hernán Cortés landet in Mexiko.

1918 Das Fliegerass Manfred Freiherr von Richthofen wird bei einem Luftkampf im Ersten Weltkrieg getötet.

1976 Der weltgrößte Schaufelradbagger nimmt im Tagebau in Bergheim seinen Dienst auf.

22. April

1875 Mit der Streichung von Geldern für die katholische Kirche durch Bismarck soll der Einfluss der Kirche eingeschränkt werden.

1915 Erstmals wird in einem Krieg Giftgas eingesetzt: Über 5.000 alliierte Soldaten sterben nach einem Chlorgaseinsatz der deutschen Truppen.

1946 Auf Drängen der Sowjetunion bildet sich aus der Kommunistischen und Sozialistischen Partei (KPD/SPD) die Sozialistische Einheitspartei Deutschlands (SED).

23. April

1838 Das erste reine Dampfschiff überquert den Atlantik von England nach New York.

1917 Buster Keaton, Komiker aus den USA, schafft mit seinem ersten Film den Sprung in die Berühmtheit.

1880 Mit der Einführung des Kohlepfennigs wird dem Bergbau die Abnahme der Kohle durch die Elektrizitätswerke zugesichert. Steigende Kohlekosten werden dabei auf den Verbraucher übertragen.

1963 Der Deutsche Bundestag beschließt, Ludwig Erhard zum Nachfolger Konrad Adenauers zu machen.

24. April

1801 Joseph Haydns Werk »Die Jahreszeiten« feiert eine rauschende Premiere.

1974 Günter Guillaume wird als mutmaßlicher Spion der DDR verhaftet. Er arbeitete als persönlicher Referent von Bundeskanzler Willy Brandt.

1980 Herbert von Karajan tritt als 81-jähriger von seinem Amt als Chefdirigent des Philharmonischen Orchesters in Berlin zurück.

25. April

1859 Die Arbeiten am Suezkanal beginnen. Dieser soll das Mittelmeer mit dem Golf von Suez verbinden.

1974 In Portugal siegen die Truppen des demokratisch orientierten General António de Spínola gegen den diktatorischen Staatschef Marcelo José Caetano.

1983 Angebliche Hitler-Tagebücher werden auf einer Pressekonferenz präsentiert. Sie stellen sich später als Fälschung heraus.

1990 Auf den Kanzlerkandidaten Oskar Lafontaine wird ein Attentat verübt. Mit einem Messer sticht eine geistig verwirrte Frau auf Lafontaine ein.

26. April

1847 Der erste Bus mit zwei Etagen: der Doppeldecker nimmt seinen Dienst in London auf.

1925 Veröffentlichung des Buches »Der Prozess« von Franz Kafka durch seinen Verleger Max Brod.

1986 Im Kernkraftwerk von Tschernobyl kommt es zur Katastrophe: durch einen Reaktorbrand wird eine enorme Menge Radioaktivität freigesetzt.

1989 Die DARA (Deutsche Agentur für Raumfahrt) wird gegründet. Sie ist das Gegenstück zur amerikanischen NASA und hat die Aufgabe, deutsche Raumfahrtprojekte zu leiten.

27. April

1865 Die ersten chemischen Farbprodukte werden industriell durch das Werk BASF hergestellt.

1932 In 20 Stunden und 44 Minuten von England nach Australien: diese Leistung schafft der Pilot C.W.A. Scott und stellt damit einen neuen Rekord auf.

1956 Der Boxer Rocky Marciano verlässt nach 49 Kämpfen ungeschlagen den Ring.

1972 Zwischen den USA, der Sowjetunion und England wird ein Vertrag geschlossen, der alle bakteriologischen und chemischen Waffen verbietet.

28. April

1789 Unzufriedene Besatzungsmitglieder setzen den britischen Kapitän William Bligh aus: die Meuterei auf dem Segelschiff »Bounty« nimmt ihren Lauf.

1952 Die USA schließen Frieden mit Japan, bleiben aber mit Truppen im Land vertreten. Dadurch haben die USA weiterhin militärische Kontrolle über Japan.

1968 Die rechtsextreme Partei NPD zieht in den Landtag Baden-Württembergs ein.

1994 Haschischkonsum wird geduldet: Der Besitz geringer Mengen der weichen Droge wird in Deutschland nicht mehr unter Strafe gestellt.

29. April

1707 Durch die Vereinigung des schottischen Parlaments mit dem englischen entsteht die Union Großbritannien.

1899 Erstmals fährt ein Auto schneller als 100 km/h.

1945 Amerikaner befreien die überlebenden Häftlinge des Konzentrationslagers Dachau.

1991 Bangladesch wird von einer Flutkatastrophe heimgesucht, die 300.000 Menschenleben fordert.

30. April

1803 Mit dem Verkauf des Landes Louisiana an die USA finanziert Napoleon seinen Krieg in Europa.

1904 Das Vorgängermodell des modernen Radargerätes wird in Deutschland patentiert.

1945 Adolf Hitler entzieht sich seiner Verantwortung durch Selbstmord.

1993 Die Tennisspielerin Monica Seles wird bei einem Turnier in Hamburg niedergestochen.

1. Mai

1931 Das größte Gebäude der Welt, das Empire State Building in New York, wird eröffnet.

1950 Erstmals seit 1939 kann in Deutschland wieder ohne Lebensmittelkarten eingekauft werden.

1972 Uwe Seeler beendet seine aktive Laufbahn als Fußballspieler.

2. Mai

1933 Die Gewerkschaften werden von Truppen des NS-Regimes besetzt mit dem Ziel, diese gleichzuschalten und zu kontrollieren.

1951 Deutschland wird mitwirkende Kraft im Europarat und kann sich nun aktiv am Wirtschaftsleben Europas beteiligen.

1989 Ungarn öffnet seine Grenzen, die nun für viele DDR-Bürger zum Fluchtweg werden.

3. Mai

1791 Polen verabschiedet die erste Verfassung auf dem Festland Europas.

1957 Verabschiedung des Gleichstellungsgesetzes von Mann und Frau im deutschen Bundestag

1971 Walter Ulbricht, Staatschef der DDR, tritt zurück; sein Nachfolger wird Erich Honecker.

4. Mai

1626 Die Insel Manhattan wird den Indianern abgekauft und erhält den Namen Neu-Amsterdam, das spätere New York.

1990 Die Gewerkschaft IG Metall vereinbart mit Arbeitgebervertretern die 35-Stundenwoche.

5. Mai

1842 Die Hansestadt Hamburg wird ein Opfer der Flammen. Viele Menschen sterben, ein Drittel der Innenstadt wird zerstört.

1885 Durch die Erfindung des Rollfilms können endlich die schweren Fotoplatten ersetzt werden.

1966 Borussia Dortmund wird Europacup-Pokalsieger.

6. Mai

1840 Die erste Briefmarke der Welt wird herausgegeben, durch die nicht mehr der Empfänger die an ihn geschickte Post bezahlen muss.

1937 Bei der Explosion des Zeppelins »Hindenburg« sterben 34 Personen.

1994 Der Tunnel zwischen Calais und Dover, der Frankreich und England miteinander verbindet, wird eröffnet.

7. Mai

1898 Nur knapp entgeht Otto von Bismarck einem Attentat. Dank einer kugelsicheren Weste kommt er mit dem Leben davon.

1945 Deutsche Generäle unterschreiben den Kapitulationsvertrag Deutschlands mit dem Oberbefehlshaber der Alliierten Streitkräfte.

1957 Die erste elektrisch funktionierende Schreibmaschine kommt auf den Markt.

8. Mai

1429 Jeanne d'Arc, die Jungfrau von Orléans, vertreibt als Heerführerin die englischen Belagerer aus der Stadt.

1886 Eine neue Mixtur, von einem amerikanischen Apotheker erfunden, kommt auf den Markt: Coca-Cola.

1978 Die Bergsteiger Peter Habeler und Reinhold Messner sind die ersten, die den 8872 m hohen Berg Mount Everest ohne Sauerstoffmasken besteigen.

9. Mai

1805 In Weimar erliegt der deutsche Dichter Friedrich von Schiller seinem Lungenleiden.

1876 Der Viertaktmotor von Nikolaus Otto wird erprobt und ist funktionstüchtig.

1976 Die Terroristin Ulrike Meinhof tötet sich selbst in ihrer Gefängniszelle in Stammheim. Sie war Mitglied der Roten Armee Fraktion (RAF).

10. Mai

1869 In den USA wird die Eisenbahnlinie, die den Pazifik mit dem Atlantik verbindet, fertiggestellt.

1933 Die ersten Bücherverbrennungen in Deutschland finden statt. Unliebsame und kritische Autoren werden verboten.

1941 Der Stellvertreter Adolf Hitlers, Rudolf Heß, springt mit einem Fallschirm über England ab und wird dort festgenommen. Ob Hitler von dieser Aktion wusste, ist bis heute ungeklärt.

11. Mai

1931 Der Zusammenbruch der Credit-Anstalt in Österreich führt zu einer weltweiten Finanzkrise.

1985 In dem englischen Fußballstadion Bradford kommt es zu einer Brandkatastrophe: Die Stadiontribüne geht in Flammen auf, 52 Menschen sterben.

12. Mai

1930	Erstmalig werden Passagiere auf den Flügen in den USA von Stewardessen bedient.
1941	Der erste digitale Rechner in Deutschland wird in Betrieb genommen.
1994	In Magdeburg machen etwa 60 Rechtsradikale Jagd auf ausländische Mitbürger.

13. Mai

1923	Erster Muttertag wird gefeiert
1943	Die deutsche Truppe in Afrika kapituliert. Sie ergibt sich den Briten und Amerikanern.
1981	Papst Johannes Paul II. wird bei einem Attentat schwer verletzt. Der Täter ist ein rechtsradikaler Türke, der zu lebenslanger Haft verurteilt wird.

14. Mai

1879	Erstmals werden in Deutschland Lebensmittel per Gesetz auf ihre gesundheitliche Unbedenklichkeit hin untersucht.
1948	Der Staat Israel wird ausgerufen, nachdem England sich aus dem Gebiet zurückgezogen hatte.

15. Mai

1920	Uraufführung des Balletts »Pulcinella« von Strawinsky
1943	Josef W. Stalin, der Staatschef der UdSSR, löst die Kommunistische Internationale auf.
1955	Österreich wird nach dem Krieg wieder souverän.

16. Mai

1800	Napoleon beginnt mit seinem Feldzug über die Alpen.
1995	Nach einem Giftgasanschlag in Japan wird der Führer der dafür verantwortlichen Aum-Sekte verhaftet.

17. Mai

1890	Das erste Comic-Heft erscheint in den USA. Es wird zukünftig wöchentlich erhältlich sein.
1954	In den USA wird die Rassentrennung vom obersten Gericht als verfassungsfeindlich eingestuft.

18. Mai

1848	In der Frankfurter Paulskirche tritt erstmals ein frei gewähltes Parlament in Deutschland zusammen.
1990	In Deutschland wird ein wichtiger Schritt in Richtung Wiedervereinigung gemacht: Unterzeichnung des deutsch-deutschen Staatsvertrags.

19. Mai

1536	König Heinrich VIII. lässt seine zweite Frau, Anna Boleyn, wegen Ehebruchs köpfen.
1975	Erstmals besteigt eine Frau den Mount Everest.

20. Mai

1795	Insgesamt 17 Nationen beschließen, den Meter als grundlegende Maßeinheit zu benutzen.
1960	»La dolce vita«, Kultfilm des Regisseurs Federico Fellini, wird mit der Goldenen Palme ausgezeichnet.

21. Mai

1871	Die erste Zahnradbahn nimmt ihren Dienst in der Schweiz auf.
1927	Charles Lindbergh ist der Pilot, der mit seiner Maschine »Spirit of St. Louis« erstmalig den Atlantik im Alleinflug überwindet.